Mögliche Beiträge der Neurobiologie zur Lehr-/ Lernforschung und Didaktik

von

Mirjana Matic

Tectum Verlag
Marburg 2006

Umschlagabbildung: www.photocase.com

Matic, Mirjana:
Mögliche Beiträge der Neurobiologie
zur Lehr-/ Lernforschung und Didaktik
/ von Mirjana Matic
- Marburg : Tectum Verlag, 2006
ISBN 978-3-8288-8957-6

© Tectum Verlag

Tectum Verlag
Marburg 2006

Abbildungsverzeichnis

Abkürzungverzeichnis

1 Einleitung: Hinführung zum Thema und Darlegung des erkenntnisleitenden Interesses 13

2 Überblick zur Lern- und Lehrforschung 15
  2.1 Die beteiligten Wissenschaften 15
  2.2 Psychologische und soziale Entwicklungen des Lernens 16
    2.2.1 Lernen im Kontext innerpsychischer Prozesse 16
    2.2.2 Entwicklung kognitiver Leistungen und Lernarten 20
    2.2.3 Ursachen und Behebungsmöglichkeiten von Lernstörungen 24
  2.3 Neurobiologie des Lernens 28
    2.3.1 Lernen im Kontext neurobiologischer Prozesse 28
    2.3.2 Das Neuron als kleinste Elementareinheit und seine Funktionsweise 30
    2.3.3 Aufbau und Funktionsweise des Zentralnervensystems 32
    2.3.4 Biochemische Grundlagen des Lernens: Die Gedächtnisarten 39
    2.3.5 Weitere Einflussfaktoren für das Lernen, die Lernarten und die Lerntypen 42

3 Darlegung von drei Didaktik-Ansätzen 49
  3.1 Kurzer Abriss zur Entwicklungsgeschichte der Didaktik und Historie der Pädagogik 49
  3.2 Bildungstheoretische Didaktik 53
    3.2.1 Der Bildungsbegriff 54
    3.2.2 Die didaktische Analyse 56
    3.2.3 Exemplarisches Lehren und Lernen 58
    3.2.4 Kritik 60
  3.3 Lehr-/Lerntheoretische Didaktik 61
    3.3.1 Strukturelle Unterrichtsfelder 62
    3.3.2 Kritische Anmerkungen 68
  3.4 Didaktik der arbeitsorientierten Exemplarik [AOEX] 69
    3.4.1 Theoretische Positionierung und Bildungsverständnis 70
    3.4.2 Bedeutung der zugrundeliegenden Exemplarik 73
    3.4.3 Instrumente der AOEX 75
    3.4.4 Anforderungen an die Lehrerprofessionalität 87

4 Kritisch vergleichende Erörterung didaktischer Modelle und neurobiologischer Erkenntnisse 89

5 Optimierung des didaktischen Implikationszusammenhangs
  in Verbindung mit neurobiologischen Erkenntnissen 103

6 Persönliche Stellungnahme in kritischer Auseinandersetzung .. 107

Literaturverzeichnis 111

Anhang 115

Abbildungsverzeichnis

Abb. 1	Einfluß von Umwelt, Situation, Organismus und Entwicklungsbedingungen auf die innerpsychischen Prozesse sowie auf das Lernen (in Anlehnung an die Tafeln 5, 7, 14 und 41 aus Nolting/Paulus 1996, S. 38, 42, 65, 162)	18
Abb. 2	Typen von Denkoperationen nach Guilford [1964]. Die deutschen Bezeichnungen sind nach Graumann 1965 (Nolting/Paulus 1996, S. 48)	19
Abb. 3	Piagets Stadien der kognitiven Entwicklung (Legewie & Ehlers 1992, S. 338)	21
Abb. 4	Beziehung zwischen 3 lern-relevanten Begriffen (Nolting/Paulus, 1996, S. 66)	22
Abb. 5	Lernformpyramide	22
Abb. 6	Der Aufbau eines Neurons (Welsch 1997, S. 97)	30
Abb. 7	Aufbau einer Synapse (Milz 1999, S. 23)	31
Abb. 8	Schematische Darstellung der Organisation von der Ebene des Verhaltens bis zur molekularen Ebene (Shepherd 1993, S. 4)	31
Abb. 9	Übersicht über die Untergliederung des gesamten Nervensystems beim Menschen. Übersicht in Anlehnung an die Abbildung 6.11 Zentralisierte Nervensysteme (Wehner/Gehring 1990, S. 365)	32
Abb. 10	Gliederung der Gehrinabschnitte im ZNS	33
Abb. 11	Gliederung des zentralen Nervensystems, Medianschnitt; Schema (Putz/Pabst 1993, S. 275), die mit * bezeichneten Teile des Gehirns bilden zusammen den Hirnstamm [Truncus encephali]	33
Abb. 12	Hirnareale (Bertolini 1995, S. 370)	37
Abb. 13	Schematische Darstellung der Projektionen in der rechten bzw. linken Hemisphäre (Sperry 1974)	37
Abb. 14	Einfluß von Umwelt, Situation, Organismus und Entwicklungsbedingungen auf die biochemischen und biophysikalischen Prozesse des Lernens und Verhaltens. Diese Abbildung ist entstanden in Anlehnung an die bereits erwähnten Tafeln und in Anlehnung an: Ein Gedächtnismodell auf der Grundlage von Informationsaufnahme und -verarbeitung (Gage und Berliner 1996, S. 280)	45

Abb. 15	Lernformpyramide erweitert um die elementarste Lernstufe (in Anlehnung an Abb. 5)	46
Abb. 16	Übersicht des Zusammenhangs von Pädagodik und Didaktiken (Jank/Meyer 1991, S. 160)	52
Abb. 17	Materiale und Formale Bildungstheorien (Jank/Meyer 1991, S. 143)	55
Abb. 18	Übersicht über Wissenshorizonte unterschiedlicher Sachgebiete und dem dahinterliegenden kategorialen Bildungssinn (vgl. Blankertz 1980, S. 47 in Anlehnung an Derbolav 1960)	56
Abb. 19	Klafkis didaktische Analyse (Klafki 1999, S. 18)	57
Abb. 20	Strukturelle Unterrichtsbedingungen (in Anlehnung an Jank/ Meyer 1991, S. 41 und S. 199)	63
Abb. 21	Ordnungsbegriffe (Schulz 1965, S. 27)	65
Abb. 22	Dimensionenpyramide (in Anlehnung an Jank/Meyer 1991, S. 206 und S. 209)	69
Abb. 23	Vermittlung zwischen Individuum und Gesellschaft mittels Subjektbildung und Arbeit vor dem Hintergrund der arbeitsorientierten Exemplarik (in Anlehnung an Lisop/ Huisinga 1994, S. 131-224)	73
Abb. 24	Gesamtübersicht aller didaktischen Instrumente der AOEX (in Anlehnung an Lisop/Huisinga 1994, S. 183, 189, 212; Huisinga/ Lisop 1999a, S. 172)	76
Abb. 25	Gesellschaftlicher Implikationszusammenhang (Huisinga/Lisop 199a, S. 15)	79
Abb. 26	Psychodynamischer Implikationszusammenhang der Lebenskräfte und Lebensbedürfnisse (Huisinga/Lisop 1999a, S. 16)	81
Abb. 27	Lehr-/Lernspirale (Huisinga/Lisop 1999a, S. 280)	86
Abb. 28	Gesamtüberblick im Bezug auf Vermittlung zwischen Individuum und Gesellschaft vor dem Hintergrund der AOEX (in Anlehnung Lisop/Huisinga 1994, S. 131-224 und an Abb. 1)	87
Abb. 29	Tabellarische Übersicht bzgl. Lernen und Lernbedingungen sowie Unterrichtsplanung	90-95
Abb. 30	Comicbild „Hägar der Schreckliche" (Jank/Meyer 1991, S. 285)	107

Abbildungsverzeichnis Anhang

Anlage 1:

Abb. 1	Tabellarische Übersicht der Funktionsbereiche der beiden Hemisphären (in Anlehnung an zwei Tabellen aus Milz 1999, S. 51 und 231)	115f
Abb. 2	Medianschnitt durch das Gehirn (Hüholdt 1993, S. 159)	117
Abb. 3	Verzweigungen von Nervenzellen im Laufe der kindlichen Entwicklung. A = Schnitt durch eine Parietalplatte der Großhirnrinde des Menschen zum Zeitpunkt der Geburt; B = 3 Monate alter Säugling; C = 15 Monate altes Kleinkind und D = 3 Jahre altes Kind (Milz 1999, S. 26 in Anlehnung an Akert in Lempp 1979)	117
Abb. 4	Rasterelektronenmikroskopische Aufnahme einer Nervenzelle mit ihren synaptischen Verbindungen (Hüholdt 1993, S. 142 in Anlehnung an E.R. Lewis, University of California)	118
Abb. 5	Grafische Darstellung der menschlichen DNS (Sunets 1997)	119
Abb. 6	Vesters Gesamtnetzwerk des Menschen (Vester 1997, S. 169)	119
Abb. 7	Grafische Darstellung der wesentlichen Lerntypen nach Hüholdt (Hüholdt 1993, S. 248)	120

Abkürzungsverzeichnis

Abb.	=	Abbildung
ACTH	=	Adrenocorticotropes Hormon
AOEX	=	Arbeitsorientierte Exemplarik
Bd.	=	Band
bzgl.	=	bezüglich
bzw.	=	beziehungsweise
ca.	=	circa
d.h.	=	das heißt
DIZ	=	Didaktischer Implikationszusammenhang
DNS	=	Desoxyribonucleinsäure
et al.	=	et aliter
etc.	=	et cetera
GIZ	=	Geselschaftlicher Implikationszusammenhang
Hrsg.	=	Herausgeber
i.e.S.	=	im engeren Sinne
i.H.a.	=	im Hinblick auf
i.S.v.	=	im Sinne von
i.V.m.	=	in Verbindung mit
KZG	=	Kurzzeitgedächtnis
lat.	=	lateinisch
lt.	=	laut
LZG	=	Langzeitgedächtnis
N.	=	Nervensystem
o.g.	=	oben genannt
PDP	=	Präsynaptische Verdichtung
PIZ	=	Psychodynamischer Implikationszusammenhang
PPÜII	=	Praktisch Pädagogische Übungen II
PST	=	Postsynaptische Verdickung
RNS	=	Ribonucleinsäure
S.	=	Seite
SSPP	=	Perforation der synaptischen Platte

u. a.	=	unter anderem
u.E.	=	unseres Erachtens
UKZG	=	Ultrakurzzeitgedächtnis
usw.	=	und so weiter
v.a.	=	vor allem
vgl.	=	vergleiche
z.B.	=	zum Beispiel
ZNS	=	Zentralnervensystem [Gehirn und Rückenmark]
z.T.	=	zum Teil
z.Zt.	=	zur Zeit

„Lernen besteht in einem Erinnern von Informationen, die bereits seit Generationen in der Seele des Menschen wohnen."

(Sokrates, griechischer Philosoph)

1 Einleitung: Hinführung zum Thema und Darlegung des erkenntnisleitenden Interesses

Angeregt durch die empfohlene Lektüre von Frederic Vesters „Denken, Lernen, Vergessen" im Rahmen des Theorieunterrichts zu den PPÜII [Praktisch Pädagogische Übungen II] im Sommersemester 1998, stieß die Verfasserin auf ein gleichermaßen geeignetes wie interessantes Thema für eine künftige fachgebietsübergreifende Diplomarbeit. Beim Durcharbeiten dieser Lektüre gab es anfänglich Gedanken zu einem Thema, das v.a. auf Lernstörungen und Diagnose, Unterrichtspraxis [auch z.B. an Montessori- oder Walldorf-Schulen] und Umsetzung von neuen biologischen Forschungsergebnissen zielte. Im Prozess der konkreten Themenfindung und des Literaturstudiums verlagerte sich der erste Fokus von Lernstörungen und Diagnose hin zu Fragen, die sich mit dem Lernen generell [Lernformen, Funktion, organische Voraussetzung], mit möglichen Blockaden sowie mit möglichen Antworten aus der Pädagogik zum Thema Lernen [wie es in den didaktischen Modellen gesehen wird, wie Unterrichtsvorbereitungen dementsprechend auszusehen haben] und einer möglichen Implikation der beteiligten Disziplinen beschäftigten. Einige der anvisierten Fragen sind:

- Wie funktioniert menschliches Lernen und Verhalten?
- Wie entstehen Lernblockaden und Lernstörungen?
- Warum kommen bestimmte Schüler im Unterricht mit, andere dagegen überhaupt nicht?
- Wie kommt es zu massiven Störungen des Unterrichtsablaufs?
- Basiert dies lediglich auf Unlust oder steckt eine psychische und/oder physische Beeinträchtigung dahinter?
- Wie kann ein Lehrender professionell damit umgehen?
- Gibt es sinnvolle Möglichkeiten, neue Kenntnisse aus dem Bereich der neurobiologischen Forschung in der Didaktik und letztendlich in der Unterrichtspraxis umzusetzen?

Auf diese Fragen wurden in der Literatur viele unterschiedliche Antworten gefunden. Die vorliegende Untersuchung hat zum Ziel, diese und weitere Fragen, die mit dem Thema der neurobiologischen Grundlagenforschung und ihrem Beitrag zur Lehr- und Lernforschung sowie der Didaktik zusammenhängen, weitestgehend zu beantworten. Inspiriert durch den individuellen Erfahrungshintergrund liegt die Intention der Verfasserin darin, sich der Thematik vor dem pädagogischen als auch dem biologischen Hintergrund interdisziplinär zu nähern.

Dabei liegt das erkenntnisleitende Interesse der Verfasserin v.a. darin begründet, herauszufinden, welche Forschungsergebnisse z.Zt. präsent sind, und, ob es eine Passung gibt zwischen den Ergebnissen der Neurobiologie und verschiedenen didaktischen Ansätzen und wie diese Kenntnisse Einklang finden können bei der Unterrichtsplanung und damit zur Verbesserung der pädagogischen Praxis und damit letztendlich zur Verbesserung der Lehrerprofessionalität beitragen können.

Dementsprechend gliedert sich die folgende Arbeit in vier Hauptkapitel:

Im zweiten Kapitel, in dem die beteiligten Wissenschaften kurz dargelegt werden, erfolgt ein Gesamtüberblick zum Thema Lern- und Lehrforschung. Des weiteren nimmt die Verfasserin Bezug auf psychologische und soziale Grundlagen für die Lernentwicklung aufgrund der Tatsache, dass diese beiden Einflussgrößen in enger Verbindung mit den neurobiologischen Grundlagen des Lernens gesehen werden. Schließlich werden die neurobiologischen Lerngrundlagen i.V.m. dem ZNS [Zentralnervensystem], der Funktionsweise von Neuronen, der Gedächtnisarten und der damit assoziierten Proteinsynthese ausführlicher dargelegt und beschrieben.

Das dritte Kapitel beinhaltet eine Darlegung didaktischer Modelle. Hierbei werden drei verschiedene didaktische Modelle dargestellt und i.H.a. Faktoren zum Lernverhalten untersucht. Dabei liegt der Fokus auf der Didaktik der arbeitsorientierten Exemplarik [AOEX], weil dieses Modell einen möglichen Ansatz zur Verknüpfung der beteiligten Disziplinen offeriert. Anschließend wird im vierten Kapitel untersucht, ob und wo Anknüpfungspunkte zwischen den beiden Disziplinen, der Pädagogik, speziell der Didaktik, und der Biologie, speziell der Neurobiologie, zu finden sind.

Das fünfte Kapitel beschäftigt sich mit den Möglichkeiten einer Optimierung des didaktischen Implikationszusammenhangs i.V.m. den neurobiologischen Erkenntnissen.

Schließlich ist im letzten, dem sechsten Kapitel, eine persönliche Stellungnahme der Verfasserin in kritischer Konfrontation mit den erzielten Resultaten zu finden, in der noch einmal deutlich werden soll, welche Passungen in dieser interdisziplinären Untersuchung vorhanden sind und wo dies nicht zu finden ist, und, ob und wie sinnvolle Anknüpfungspunkte mit der Möglichkeit einer Realisierung gegeben sind.

2 Überblick zur Lern- und Lehrforschung

2.1 Die beteiligten Wissenschaften

In dieser Diplomarbeit schlagen sich verschiedene Sichtweisen unterschiedlicher Fachwissenschaften nieder, wobei zu berücksichtigen bleibt, dass jede Disziplin eine eigene Terminologie verwendet sowie bzgl. des Themas „Lernen" und aller davon tangierten Aspekte eigene Konzepte zur Erklärung und Behandlung entwirft und bereithält.

Zu den beteiligten Disziplinen werden die Psychologie, speziell die Tiefen- und Lernpsychologie und Soziologie, die Medizin und Biologie, speziell die Neurobiologie sowie die Erziehungswissenschaften, speziell die Didaktik, gezählt.

Thesenartig lässt sich wiedergeben, welche Kernpunkte und Forderungen zum Thema „Lernen, Unterricht und Unterrichtsbedingungen" die zugrundeliegende Literatur beinhaltet.

Kurzer Abriss zur Psychologie, Neurobiologie und Didaktik:

Psychologie:

- Einflüsse von Wahrnehmungen, Empfindungen, Motivationen und Emotionen auf das Individuum und seine Art zu denken, sich zu bewegen, verhalten und zu handeln.
- Die Entwicklungsstufen der Intelligenz als Grundlage für Denken und Lernen sowie Einfluss der neuronalen Entwicklung.
- Unterscheidungen von verschiedenen Lernformen.
- Theoretische Richtungen der Psychologie, die sich mit menschlichem Verhalten und Lernprozessen auseinandersetzen wie Behaviorismus, Kognitivismus und Tiefenpsychologie.
- Sich ergebende Lernschwierigkeiten und Lernstörungen im Kontext mit verschiedenen Ursachen endogener und exogener Genese.
- Forderungen an den Unterricht sowie die Lehrerprofessionalität bzgl. Vermeidung von Lernstörungen.

Neurobiologie:

- Anatomische Lernvoraussetzungen: Aufbau des ZNS, Hirnbereiche und ihre Funktionen, die Nervenzelle, Aufbau und Aufgaben der Nervenzelle beim Lernprozess, Gedächtnisarten.
- Anknüpfungspunkte beim Lernen werden zum sozialen Umfeld, zur Entstehung von Grundmustern und damit einhergehenden Lernty-

pen, auch zu Motivation, Aufmerksamkeit und Emotionen als wichtige Lernfaktoren in Beziehung gesetzt.
- Anknüpfung an die Lernformen/-arten der Psychologie.
- Forderungen an die Unterrichtspraxis.

Didaktik:
- Darlegung von drei verschiedenen Didaktikmodellen und Ansätzen: Bildungs-theoretische- und lehr-/lerntheoretische Didaktik sowie die Didaktik der AOEX.
- Divergierende, z.T. deckende Forderungen an die Unterrichtsgestaltung und verschiedene Ansichten zum Themenkomplex des Lernens.
- Anknüpfungspunkte zwischen neurobiologischen und didaktischen Ansätzen zur Unterrichtsgestaltung und zum Lernen.

2.2 Psychologische und soziale Entwicklungen des Lernens

Dieser Abschnitt beinhaltet ein weitreichendes Feld sowohl von psychologischen als auch sozialen Faktorengefügen, die ihrerseits z.T. in den neurobiologischen Bereich ausstrahlen. Umgekehrt konnte die Verfasserin beim Literaturstudium der neurobiologischen Arbeiten feststellen, dass in diesem Bereich ebenfalls Bezüge zu den Lernformen und Bedingungsfaktoren von Lernen geknüpft werden.

Darüber hinaus gibt es auch Werke, die sich mit neurobiologischen, physiologischen und auch mit psychologischen Bereichen beschäftigen und zum Ziel haben, die verschiedenen Gesichtspunkte der einzelnen Fachwissenschaften zu integrieren.

2.2.1 Lernen im Kontext innerpsychischer Prozesse

In diesem Sinne gilt es zu Beginn zu klären, was eigentlich der Begriff „Lernen" bedeutet. Dazu konnten verschiedene Definitionsansätze aus gängigen Nachschlagewerken entnommen werden:

a) Lernen:
>meint, sich eine Kenntnis respektive Fähigkeit anzueignen. (vgl. Mackensen/von Hollander 1983, S. 677/678).

b) Lernen:
>„psychische Funktion, bei der einzelne Schulen verschiedene Aspekte betonen: 1) Konditionierung, 2) Lernen am Erfolg [Zunahme des Auftretens belohnter Verhaltensweisen], 3) Lernen durch Einsicht [neue Wahrnehmungsstruktur, „Aha-Erlebnis" führt zu Problemlösung], 4) Lernen durch Nachahmung [Bedeut-

samkeit von Vorbildern für das Erlernen von Gefühlen]" (Mehling 1981, S. 499).

c) Als Weiterführung zum Lernen die Lerntheorien:

„die Lehre vom Lernen, meist im Sinne des Behaviorismus, der, vom Tierversuch ausgehend, Lernen als Verhaltensänderung versteht" (Der Brockhaus in einem Band 1992, S. 522).

Da diese Definitionen nach Meinung der Verfasserin eine sehr begrenzte Sichtweise darlegen, wird die folgende Definition als Basisdefinition dem Begriff „Lernen" zugrunde gelegt:

„Lernen darf keineswegs nur in einem schulähnlichen Sinne verstanden werden [bewusste Aneignung von Kenntnissen und Fertigkeiten], sondern hat eine breitere Bedeutung, die meist definiert wird als die relativ andauernde Veränderung von Verhalten und Erleben aufgrund von Erfahrungen [...]. Auf unser System bezogen: Es ist die Veränderung der Person bzw. der personalen Dispositionen aufgrund von Erfahrungen. Lernen steht damit nicht in linearer Reihe neben den vorher besprochenen Prozessen, sondern sozusagen quer dazu – als Prozess, der alle zuvor beschriebenen aktuellen Grundprozesse verändert: das Wahrnehmen, das Denken, die Motivation/Emotion, die Bewegung und damit auch die Kommunikation" (Nolting/ Paulus 1996, S. 64).

Demzufolge wird Lernen als ein Prozess gesehen, der auf zukünftige Prozesse Einfluss nimmt. Lernen steht demnach auch i.V.m. dem Gedächtnis; dabei ist beim Lernen mehr die Aufnahme und beim Gedächtnis mehr das Behalten im Vordergrund (vgl. Nolting/Paulus 1996, S. 65).

Bei ganzheitlicher Betrachtung des Menschen, wobei Lernen als essentieller Bestandteil des humanen Lebens und der humanen Entwicklung angesehen werden kann, bleibt zu berücksichtigen, dass der Mensch als Subjekt im Spiegel wechselseitiger Wirkung aber auch in Abhängigkeit zur sozialen Umwelt betrachtet werden muss. In dieser ihn umgebenden Realität wird er sozialisiert und zwar in Abhängigkeit von der gesellschaftlich vermittelten sozialen wie auch physisch-materiellen Umwelt, die Einfluss auf seine Subjektwerdung nimmt (vgl. Geulen/Hurrelmann 1980, S. 51 in Anlehnung an Geulen 1973 und 1977 und an Hurrelmann 1976). Umwelt an sich wird durch ihren gesellschaftlichen Bezug definiert [meint: Gesellschaft bestimmt, wie sich die äußere Umwelt und damit auch die natürliche Lebensgrundlage gestaltet].

Dabei gilt es natürlich auch zu bedenken, dass sich eine Persönlichkeit mit all ihren Eigenschaften, Merkmalen, Einstellungen und Handlungen nicht nur aufgrund der Sozialisation der gesellschaftlich bedingten Umwelt bildet, sondern dass ebenso innerpsychische Prozesse und Zustände wie Gefühle und Motivationen sowie Sprache, Wissen und Werthaltungen zur Persönlichkeitsbildung beitragen (vgl. Tillmann 1989, S. 11).

Zu den innerpsychischen Prozessen und Zuständen zählen sowohl Wahrnehmung, Denken, Motivation und Emotion, Bewegung, Verhalten und Handlung als auch Lernprozesse. Als Beispiel Wahrnehmung: Wahrnehmung bedeutet sowohl Selektion als auch Organisation und wird beeinflusst von Vorkenntnissen, Erfahrungen, Einstellungen, Bedürfnissen und dergleichen mehr (vgl. Nolting/Paulus 1996, S. 46). Sie umfasst auch das Erkennen und Verstehen, dessen man sich bewusst wird (vgl. Gaddes 1991, S. 186). Wahrnehmungsleistungen entwickeln sich in Abhängigkeit kognitiver Stufen und bilden eine Gesamtheit verschiedener Empfindungen. Wahrnehmung enthält Vorstellungen und Erfahrungen [Sinnesdaten], die als Basis für das Erkennen und Zuteilen von Bedeutung sind. Beeinflusst wird sie u.a. von eigenen Einstellungen, Interessen, Stimmungen und Erwartungen (vgl. Hess 1989, S. 38; vgl. Milz 1999, S. 58).

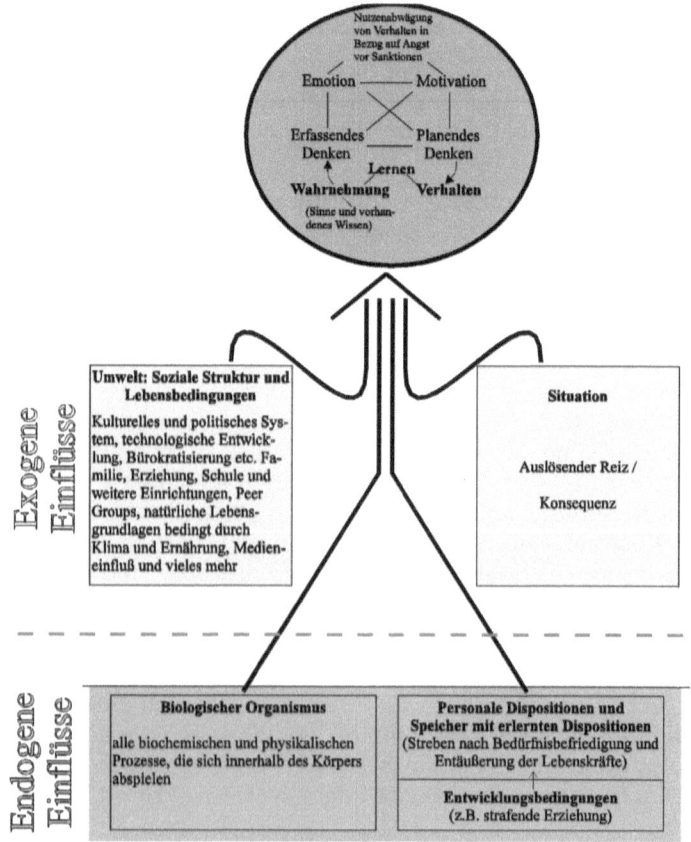

Abb. 1: Einfluss von Umwelt, Situation, Organismus und Entwicklungsbedingungen auf die innerpsychischen Prozesse sowie auf das Lernen (in Anlehnung an die Tafeln 5, 7, 14 und 41 aus Nolting/Paulus 1996, S. 38, 42, 65, 162)

Wesentlich in diesem Zusammenhang bleibt die Klärung innerpsychischer Prozesse [Denken, Motivation, Emotion, Bewegung, Verhalten und Handlung sowie der oben bereits ausführlich beschriebenen Wahrnehmung].

Das Denken vollzieht sich beim Menschen unabhängig von Raum und Zeit und ist weniger tangiert durch eine momentane Situation als durch die Wahrnehmung. Beim Denken können folgende Unterscheidungen getroffen werden:

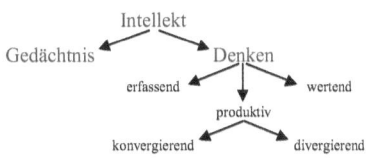

Abb. 2: Typen von Denkoperationen nach Guilford [1964]. Die deutschen Bezeichnungen sind nach Graumann 1965 (Nolting/Paulus 1996, S.48)

Das Gedächtnis ist zuständig für reproduktive Leistungen wie das Behalten von sprachlichem und weiterem Wissen. Das Denken i.e.S. umfasst das erfassende Denken [es handelt sich sowohl um Erkennen als auch um Wiedererkennen von sprachlicher, bildlicher, räumlicher Information; es geht um Verstehen, Begreifen, eindeutig Zuordnen], das konvergierend-produktive Denken [Erstellen einer einzig richtigen Lösung wie z.B. Lösen einer Rechenoperation], das divergierend-produktive Denken [Erstellen mehrerer richtiger Lösungen wie z.B. das Ausgestalten von Kunstwerken] und schließlich das wertende Denken [Beurteilung von etwas Erstelltem oder auch das Prüfen auf Folgerichtigkeit] (vgl. Nolting/Paulus 1996, S. 49).

Denken wird aber auch i.V.m. Sprechen gesehen und basiert auf der subjektiven kognitiven Leistung. In diesem Sinne sind Denken und Sprechen nicht nur Medien der Kommunikation, sondern ebenso sehr Voraussetzung für die Kognition (vgl. Milz[1] 1999, S. 173/174 in Anlehnung an Pickenhain 1992, Stolze 1976, von Weizsäcker 1947).

Emotion und Motivation sind ebenfalls miteinander verbundene Prozesse, wobei Emotion mit einem Gefühl, einem momentanen körperlich-seelischen Zustand gleichgesetzt wird und Motivation mit einem Antrieb oder Handlungsimpuls, der auf ein künftiges Ziel hin ausgerichtet ist (vgl. Nolting/Paulus 1996, S. 51).

Emotion wird auch definiert als Basis individueller Reaktionsgestaltung und damit auch als Grundlage individueller Unterschiede in den Verhaltensmustern (vgl. Shepherd 1993, S. 536).

---

[1] Das Werk von Milz ist eine Zusammenfassung, die sich im wesentlichen aus den Autoren Gaddes, Rohen, Gibson, Hoeft und Luria speist.

Bewegen und Wahrnehmen stehen in wechselseitiger Beziehung zueinander (vgl. Milz 1999, S. 173 in Anlehnung an Stolze 1976).

Bewegungen stellen Verhalten i.e.S. dar und bilden die Ausgangsseite eines Menschen. Zum Verhalten i.e.S. wird das Sprechen, das nonverbale Ausdrucksverhalten, die manuellen Handlungen und die Bewegungen im Raum gezählt. In der Psychologie wird Verhalten nur dann als Handeln bezeichnet, wenn es zielgerecht und bewusst gesteuert ist. Reflexe und Automatismen zählen demnach zum Verhalten nicht aber zum Handeln (vgl. Nolting/Paulus 1996 S. 56/57).

2.2.2 Entwicklung kognitiver Leistungen und Lernarten

Um bestimmte kognitive Eigenleistungen zu erbringen, muss in diesem Kontext kurz erwähnt werden, dass jedes Individuum mehrere Stadien der kognitiven Entwicklungen durchläuft. Der Mensch als aktiver Organismus, der in Auseinandersetzung mit der Umwelt eigene Vorstellungen von der Welt und dementsprechend kognitive Strukturen weiterentwickelt, sieht nur dann einen Handlungsbedarf, wenn seine Vorstellungen und die problemlösenden Strategien nicht im Einklang mit den Anforderungen der Umwelt stehen. Das Subjekt handelt dann, um sein Gleichgewicht wiederzufinden und eine Wiederanpassung zwischen sich und der Umwelt zu erreichen. Dieser Prozess wird als Assimilation [die Umwelt in sein Handlungsmuster einverleiben] und als Akkomodation [sich der Umwelt anpassen] bezeichnet (vgl. Hüholdt 1993, S. 99/100; vgl. Milz 1999, S. 196/197; vgl. Piaget 1984, S. 6-11; vgl. Tillmann 1995, S. 86).

Die Abschnitte kindlicher Entwicklung können in Stufen oder Stadien variierender Anzahl eingeteilt werden (vgl. z.B. Dohmen-Burk 1992, S. 20-23; vgl. Milz 1999, S. 197/198; vgl. Tillman 1995, S. 87-90). Die folgende Übersicht gibt eine relativ ausführliche Darstellung wieder:

Ungefähres Alter	Entwicklungsstadium	Beschreibung
Geburt bis 2 Jahre	Sensomotorische Periode	Der Säugling lernt, sich selber von der Umwelt zu unterscheiden; er sucht Stimulation und strebt nach der Wiederholung interessanter Ereignisse. Durch Manipulation mit Objekten entsteht das Gegenstandsschema: Dinge bleiben „dieselben" trotz Veränderung in Raum und Zeit
2-7 Jahre	Präoperationale Periode	Beginn des Symbolgebrauchs, Spracherwerb
2-4 Jahre	[Egozentrische Phase] Symbolische Phase	Das Kind ist noch unfähig, den Gesichtspunkt anderer einzunehmen klassifiziert Dinge nach nur einer Haupteigenschaft.
4-7 Jahre	[Intuitive Phase] Anschauliches Denken	Beginnt in Klassen und Relationen zu denken, mit Zahlen zu operieren. Diese Operationen sind aber noch rein „anschaulich".
7-11 Jahre	Periode der konkreten Operationen	Beherrscht in konkreten Situationen logische Operationen wie Umkehrbarkeit, Klassifikation, Herstellen von Rangordnungen.
11-15 Jahre	Periode der formalen Operationen	Übergang zum abstrakten Denken, Fähigkeit zum Testen von Hypothesen ["Gedankenexperimente"].

Abb. 3: Piagets Stadien der kognitiven Entwicklung (Legewie & Ehlers 1992, S.338)

Damit sei wieder auf das Lernen generell verwiesen. Gemäß der vorab zugrundegelegten Definition [Seite 17] bildet Lernen eine wichtige Basis, welche die individuelle Entwicklung vorantreibt.

Dabei darf nicht übergangen werden, dass es zum Lernen einer ungestörten Entfaltung der organischen Anlagen [Nervenbahnen, ZNS und Sinnesorgane] bedarf, da andernfalls das Lernen beeinträchtigt oder im massivsten Falle unmöglich gemacht wird. Lernen hat zur Folge, dass künftige Prozesse einen anderen Verlauf nehmen.

In diesem Zusammenhang verweisen verschiedene Autoren auf die Notwendigkeit eines intakten ZNS sowie auf die Funktionen der einzelnen Gehirnabschnitte als auch auf die Gedächtnisarten [gemeint sind Ultrakurzzeitgedächtnis, Kurzzeitgedächtnis und Langzeitgedächtnis] für eine ungestörte Informationsaufnahme und Verarbeitung (vgl. Gadenne 1996, S. 136-176; vgl. Hess 1989, S. 39-41; vgl. Zielinski 1998, S. 34).

Generell lassen sich Beziehungen zwischen drei lernrelevanten Begriffen knüpfen:

Was wird gelernt?	Wie wird gelernt?	Wo wird gelernt?
[Lernergebnisse]	[vermittelnde Prozesse]	[Lernanregung]
Dispositionen	**Lernarten**	**Umwelt**
[Inhalte, Formen und Situationsbezüge von Kompetenzen, Motiven]	[Verschieden Prozesse der Erfahrungsspeicherung]	[Konfrontation mit Situationen in verschiedenen Umweltbereichen]

Abb. 4: Beziehung zwischen 3 lernrelevanten Begriffen (Nolting/Paulus 1996, S. 66)

Bezugnehmend auf die Lernformen oder auch Arten des Lernens kann folgende Übersicht einen Gesamtüberblick über die Thematik verschaffen:

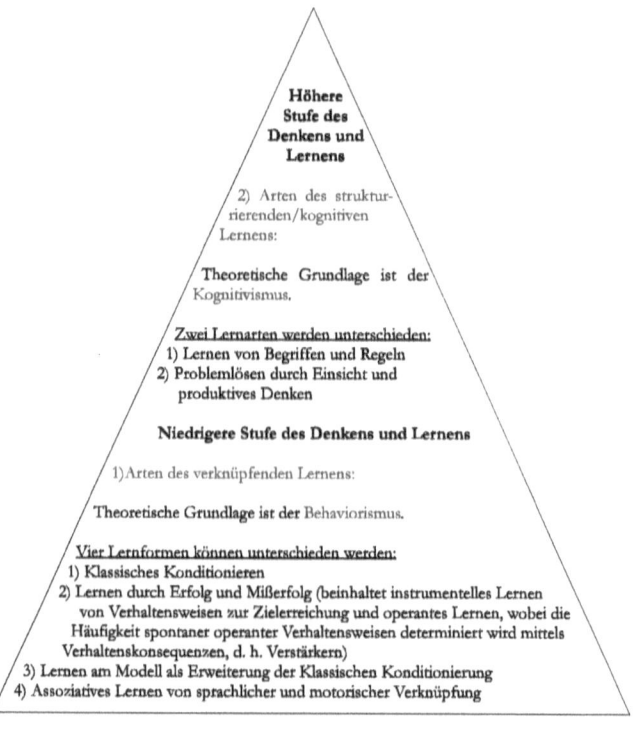

Abb. 5: Lernformpyramide

Zu Punkt 1): Zu den Arten des verknüpfenden Lernens werden vier verschiedene Lernarten aufgezählt. Die in dieser Übersicht zuerst genannte Variante ist die klassische Konditionierung. Sie gilt als einfache Lernart und ist auch bei niederen Organismen zu finden. In diesem Fall werden unwillkürliche Reaktionen an bestimmte Reize gebunden wie z.B. die Speichelabsonderung eines Hundes an das Ertönen einer Glocke (im wesentlichen: vgl. Piaget 1992, S. 5/6; vgl. Shepherd 1993, S. 546; vgl. Wehner/Gehring 1990, S. 472).

Beim Lernen am Erfolg und Misserfolg basiert das Lernen auf den Konsequenzen, die durch eine Aktivität in die Wege geleitet werden. Es lassen sich fünf Typen unterscheiden: Positive Bekräftigung [Belohnung], negative Bekräftigung [Erleichterung, da negativer Zustand aufgehoben wird], Bestrafung vom Typ I [aversive Bestrafung wie Prügel], Bestrafung vom Typ II [Entzug von etwas Positivem wie Taschengeld] und die Nichtbekräftigung [Verhalten bleibt unbeachtet].

Beim Lernen am Modell handelt es sich um Lernen mittels Beobachtung und Imitation. Es wird nicht durch Verhaltensverstärkung gelernt, sondern durch andere Personen, deren vom Modell belohnte Verhaltensweisen übernommen werden.

Das Lernen von sprachlichen Assoziationen basiert auf der mechanischen Herstellung von Verbindungen zwischen Gegenständen und Worten (vgl. Hess 1989, S. 48-51; vgl. Nolting/Paulus 1996, S. 67-69; vgl. Wehner/Gehring 1990, S. 472/473).

Zum Behaviorismus als psychologische Theoriegrundlage kann gesagt werden, dass es sich hierbei um eine naturwissenschaftliche Richtung handelt, die den Menschen als Produkt allgemeingültiger Lernprozesse sieht. Der Mensch ist letztendlich determiniert durch seine Umweltgegebenheiten. Alle innerpsychischen Denk- und Lernprozesse bleiben in dieser Theorierichtung ausgeblendet [Mensch = „black box"] (vgl. Nolting/Paulus 1996, S. 154-156).

Zu Punkt 2): Zu den Arten des strukturierenden/kognitiven Lernens zählen sowohl das Lernen von Begriffen und Regeln als auch das problemlösende Lernen mittels produktiven Denkens. Zum Lernen von Begriffen und Regeln ist Wissen über logische Sinnzusammenhänge von Belang. „Begriffe sind gedankliche Einheiten bzw. Bedeutungskomplexe, die eine Vielfalt von Erscheinungen ordnen und zusammenfassen. Regeln [z.B. Lehrsätze] sind eine Verbindung aus mehreren Begriffen. Der Unterschied zu den Assoziationen liegt darin, dass die Verbindungen nicht zufälliger Art sind, sondern inhaltlich >verstanden< werden" (Nolting/Paulus 1996, S. 69/70).

Das Problemlösen, auch produktives Denken bzw. Denken durch Einsicht genannt, stellt per se die höchste Stufe kognitiven Lernens dar. In diesem Fall ist ein Individuum in der Lage, eine neue Regel, die selbständig entdeckt wurde, zu lernen (vgl. Nolting/Paulus 1996, S. 70/71).

In Hinblick auf Wissensarten lassen sich zwei Typen unterscheiden:

a) deklaratives Wissen [Wissen über Sachverhalte = Wissen dass]

b) prozedurales Wissen [Können = Wissen wie].

Beim deklarativen Wissen geht es um Wissen, das bewusst abgerufen und aktiviert werden kann [es entsteht ein Zustand bewusster Erinnerung]. Dabei kann es sich sowohl um sinnarmes, assoziatives Wissen handeln wie Zahlen und Namen als auch um komplexes, sinnhaltiges Wissen in bezug auf Regeln und Begriffe. Prozedurales Wissen tangiert Verarbeitungsmechanismen, die bei Aktivierung einen automatischen kognitiven oder auch motorischen Prozess ablaufen lassen [gemeint sind Techniken und Strategien, die vollkommen vom Individuum internalisiert wurden] (vgl. Gadenne 1996, S. 120/121; vgl. Nolting/Paulus 1996, S. 71).

Zum Kognitivismus kann angemerkt werden, dass hier eine völlig andere Menschensicht bestimmend wirkt. Der Mensch wird in diesem Zusammenhang als vernunft-orientiertes Wesen gesehen, das aus bewusster Erkenntnis und Einsicht handelt. Das Individuum steht in Interaktion mit seiner Umwelt, in der Informationen aufgenommen und verarbeitet und durch Handeln wieder an die Umwelt abgegeben werden (vgl. Nolting/Paulus 1996, S. 157-159).

Lernen kann sich sowohl i.V.m. Denken als auch ohne Denken vollziehen, d.h. unbewusst wie beim klassischen Konditionieren, Lernen am Erfolg und Misserfolg sowie beim Modellernen. Als Fazit lässt sich sagen, dass die gesamte psychische Entwicklung beim Menschen eine Art endlose Anhäufung von Lernprozessen beinhaltet, wobei zu bedenken gilt, dass jedes Lernen auf vorhergehendem Lernen aufbaut bzw. bestimmte Lernprozesse erst in dem Moment möglich werden, in dem andere bereits stattgefunden haben (vgl. Nolting/Paulus 1996, S. 72-74).

2.2.3 Ursachen und Behebungsmöglichkeiten von Lernstörungen

In diesem Zusammenhang erscheint es bedeutsam sowohl auf menschliche Entwicklungen sowie auf die jeweiligen beeinflussenden Faktoren als auch auf ihre Normabweichungen und deren Ursachen einzugehen.

Zunächst einmal gilt es zu klären, was „Lernstörungen, -beeinträchtigungen bzw. -schwierigkeiten" sind:

Für die Autoren Betz/Breuninger werden Lernstörungen nicht am mangelnden Erfolg gemessen. Lernstörungen sind erst dann gegeben, wenn der Lernprozess selbst angegriffen ist, d. h. die Variablen [z.B. Umwelt, Selbstwertgefühl], die in Verbindung mit dem Lernprozess stehen, über einen langen Zeitraum ungünstig verändert sind (vgl. Betz/Breuninger 1987, S. 3).

Bei Weinert und Zielinski handelt es sich um Lernschwierigkeiten, wenn die schülerischen Leistungen sich unterhalb duldbarer Abweichungen von institutionellen, persönlichen und sozialen Anforderungen bewegen oder wenn ein Nichterreichen derjenigen zu negativen Beieffekten im Verhalten, dem Erleben und der Entwicklung der Persönlichkeit führt (vgl. Zielinski 1998, S. 13 in Anlehnung an Weinert/Zielinski 1977).

Wesentlich ist bei diesen Definitionen, dass sie von verschiedenen Standpunkten ausgehen. Beide Erklärungsansätze haben nach Meinung der Verfasserin ihre Berechtigung und wurden deshalb aufgenommen [der erste Ansatz betrachtet den rein angegriffenen innerpsychischen Lernprozess, während der zweite Ansatz auch das außen erkennbare Nichterreichen mit berücksichtigt].

Es kann zwischen endogenen und exogenen Ursachen unterschieden werden. Zu den endogenen Ursachen zählen Ursachen, die in der Person selbst liegen [z.B. physische oder psychische Ursachen]. Dazu gehören erblich bedingte [chromosomale] Behinderungen wie Autismus, pränatale Beeinträchtigungen [z.B. Krankheiten, Drogen, Medikamente etc. während der Schwangerschaft], perinatale Beeinträchtigungen [während des Geburtsvorganges] und Entwicklungsstörungen, die sich als Reifungsabweichungen von der altersgemäßen Norm darstellen. Exogene Ursachen beinhalten Umweltfaktoren, die auf den Menschen einwirken. Gemeint sind Familienverhältnisse, Erziehungsstil, sozioökonomische Verhältnisse [z.B. Wohnlage, finanzielle Situation], Gesellschaftsstruktur und Schulsituation [z.B. Konkurrenzkampf in der Klasse, überfüllte Klassen, Unterrichtsmethoden] (vgl. Hess 1989, S. 180-203; vgl. Ortner 2000, S. 18-32).

Zielinski zählt in Anlehnung an Haertel et al. zu den internen Bedingungen die Fähigkeit von Schülern, Instruktionen zu verstehen, die aufgabenspezifischen Schülervorkenntnisse und die Lernmotivation. Zu den externen Bedingungen lassen sich die vom Lehrer dem Schüler zugestandene Lernzeit und die Unterrichtsqualität zählen. Zu den moderierenden Bedingungen gehören das Unterrichtsklima, die Peer-Group-Beziehungen, die Faktoren des Elternhauses und der Medieneinfluss (vgl. Zielinski 1998, S. 19-65).

In diesem Zusammenhang sei nur kurz auf psychische Lernbeeinträchtigungen verwiesen, die durch Abwehrmechanismen entstehen können und im Zusammenhang mit der Tiefenpsychologie stehen. Anhand des Textbeispiels „Der Sündenbock" von Horst-Eberhard Richter (vgl. Richter 1984, S. 36-45) wird ein solcher Fall dargelegt. Hierbei litt der Vater unter seiner eigenen autoritären Erziehung, infolge deren er verschiedene Arten von Abwehrmechanismen aufbaute. Aufgrund der strafenden, autoritären Erziehung, die er seinem Sohn zuteil werden ließ, entwickelte sich beim Kind eine Neurose i.V.m. Depressionen, die eine Lernstörung verursachten, da auch der Sohn z.T. die Abwehrmechanismen des Vaters übernahm.

Aufgrund einer einsichtigen Mutter und einer kontinuierlichen Therapie, verbessert sich jedoch die Situation des Sohnes und er befreit sich sowohl von den Abwehrmechanismen als auch von den Lernstörungen.

In der Psychoanalyse/Tiefenpsychologie geht es darum, heraus zu finden, welche Bedeutung frühkindliche Erfahrungen für das Unbewusste beim Erwachsenen haben. Die Tiefenpsychologie geht hierbei auf die drei psychischen Instanzen Es, Ich und Über-Ich sowie deren Wechselbeziehungen zueinander ein. Des weiteren spielen gleichsam die ödipale Entwicklung wie auch die psychosexuellen Entwicklungsphasen eine wesentliche Rolle beim Erwerb der eigenen Identität (vgl. A. Freud 1973, S. 7-12, 34-43; vgl. Nolting/Paulus 1996, S. 149-154; vgl. Tillmann 1995, S. 55-66).

Direkte Forderungen der hier aufgelisteten Autoren zum Thema >Vermeidung von Lernstörungen und Verbesserung der Lernbedingungen< konnten expressis verbis nur in geringem Maße vorgefunden werden. Diese schimmerten zumeist indirekt bei der Aufzählung und Erörterung von Lernstörungen und Bedingungen durch. Die Autoren Betz/Breuninger verweisen bei Schülern mit Lerndefiziten auf die Lehrerprofessionalität. Der Lehrende muss in der Lage sein, Defizite aufzudecken und mittels neuer Methoden versuchen, verschiedene Sinne und Funktionen zu aktivieren. Beginnt der Schüler mit Versagenserklärungen, ist es ratsam für den Lehrer, den Schulpsychologen bzw. Beratungslehrer zu kontaktieren, um letztendlich zu verhindern, dass der Schüler in einen inneren Teufelskreis von negativer Erwartungshaltung gerät (vgl. Betz/Breuninger 1987, S. 46/47).

Hess verweist auf negative Familiendynamik, auf die Bedingungen in der Klasse und die Lehrer-Schüler-Beziehungen. Daraus geht hervor, dass es für die Schüler wichtig ist, sich im Miteinander anstatt im Gegeneinander zu üben. Ebenso ist es auf Seiten des Lehrers wichtig, emotionale Wärme sowie die Echtheit der Gefühle und die Wertschätzung gegenüber dem Schüler zu zeigen (vgl. Hess 1989, S. 180-195).

Für Zielinski gelten ein schlechter Unterricht mit mangelnder Zeit zur Bewältigung des Lernpensums, ein schlechtes Unterrichtsklima, gestörte soziale Beziehungen und ungünstige Familienverhältnisse als Nährboden für vorprogrammierte Lernstörungen und mangelnde Motivation des Schülers. Daher sind solche Bedingungen nach Möglichkeit zu minimieren. In Anlehnung an Hasselhorn berichtet er von sinnvollen Trainingsmaßnahmen für lernbeeinträchtigte Kinder. Dazu zählen:

- ein selbständiges Anwenden geeigneter Lernstrategien beim modellgeleiteten Einüben,
- die ausführliche Information zu Nutzen und Grenzen eingeübter Lernstrategien,
- ein Einüben der Strategiegeneralisierung bei Variation der Aufgabenstellung,
- allgemeine Techniken zur Interpretation und Auslegung sowie zur Überwachung des eigenen Lernverhaltens.

Generell lässt sich umgekehrt deuten, wie Bedingungen, die Schwierigkeiten begünstigen, bei umgekehrter Handhabe eine Förderung erzielen können:

- intensive Instruktionszeit
- Lehrstoff hat größere Bedeutung
- klare und verständliche Lehreräußerungen
- Aufgaben werden ausdrücklich erklärt bzgl. ihrer Anforderungen
- hohe Strukturierungshilfe
- hohe Unterrichtssteuerung und -kontrolle
- Lernwege der Schüler werden genau bewacht, um Hilfen bei auftretenden Problemen zu offerieren
- genügend Geduld mit den Schülerantworten
- genügende Interaktion und angenehmes Klima
- Ermutigung und Lob in ausreichendem Maße.

Zielinski seinerseits verweist ebenfalls auf familiäre Verursachungsfaktoren, die Lernstörungen begünstigen wie z.B. eine autoritäre Erziehung und übertriebene Strenge, fehlende Unterstützung und mangelndes Interesse sowie übertriebener Fernsehkonsum (vgl. Zielinski 1998, S. 20-63).

2.3 Neurobiologie des Lernens

2.3.1 Lernen im Kontext neurobiologischer Prozesse

In diesem Abschnitt gilt es zu klären, welche Sichtweise die Neurobiologie vertritt. In Anlehnung an die Strukturierung des vorhergehenden Unterkapitels wird hierbei zunächst aus biologischer Perspektive der Begriff „Lernen" definiert.

Zum einen bedeutet Lernen den Erwerb von Informationen respektive den Erwerb motorischer Fähigkeiten [meint die aktive und willkürliche Bewegung], während das Gedächtnis mit der Anwendung von Informationen und motorischer Fähigkeiten belangt ist (vgl. Thompson 1994, S. 380). Zum anderen wird Lernen in der biologischen Literatur oftmals in Zusammenhang mit Verhalten und Verhaltensmodifikation gebracht. Demnach basiert Lernen auf einem Wechselspiel intellektueller, emotionaler sowie sozialer Komponenten, die sich als ein System unteilbarer und sich ständig verändernder, dynamischer Wechselbeziehungen darstellen. Lernen beinhaltet den Entwicklungsvorgang einer Verhaltensänderung, welche den Wissenserwerb miteinschließt. In dieser Betrachtungsweise tangiert der Lernprozess alle Bereiche des menschlichen Organismus in Korrelation mit den natürlichen wie sozialen Umweltbedingungen und dem Effekt der kontinuierlichen Verhaltensmodifikation (vgl. Flechtner 1976, S. 4/5; vgl. Hüholdt 1993, S. 90/91). Dabei wird der Erfahrungsaspekt mitberücksichtigt, da dieser eine Verhaltensverbesserung i.H.a. das Überleben einer Art gewährleistet. Verhalten wird im Zusammenhang mit dem Lernprozess gesehen. Verhalten als solches wird gesteuert mittels zentraler Systeme im Organismus (vgl. Shepherd 1993, S. 537).

Aufgrund dieser Definition von Lernen erscheint es sinnvoll, auch auf die organischen Bedingungen, die Lernen erst ermöglichen, einzugehen. Da ist an erster Stelle die Sinneswahrnehmung zu nennen: Die Sinneswahrnehmung bedeutet „das Bewusstwerden eines den Organismus treffenden Reizes als Ergebnis materieller Prozesse in einem Sinneszentrum nach dessen Erregung" (Urban & Schwarzenberg 1993, S. 1526). Zu den Sinnessystemen werden acht Bereiche gezählt: Gesichtssinn, Temperatursinn, mechanischer Sinn der Haut, Gehörsinn, stato-kinetischer Sinn [Körperlage, -beschleunigung sowie Lage und Bewegung von Körperteilen und Gelenken], Geruchssinn, Geschmackssinn und schließlich der Schmerzsinn (vgl. Urban & Schwarzenberg 1993, S. 1526).

Die Sinneswahrnehmung führt dazu, dass ein spezifischer, auf das entsprechende Sinnesorgan einwirkender Reiz eine Verhaltensantwort herbeiführt. Dieser Reiz bewirkt eine Empfindung, die in Verbindung mit vorhergehenden Erfahrungen zur internen Reizpräsentation führt.

Dieser Vorgang heißt Wahrnehmung und schließt eine Reizungserkennung ein sowie die Fähigkeit, verschiedene Reizaspekte zu differenzieren. Mit dieser Fähigkeit ist der Mensch erst in der Lage, Gegenstände wie einen Tisch oder ein Zeichen auf Papier zu erkennen und zu verstehen (vgl. Gaddes 1991, S. 186/187; vgl. Shepherd 1993, S. 188-192).

Mit steigender Entwicklung der Lebewesen bedarf es neben Ausscheidungs- und Versorgungsorganen leistungsfähiger Informations-, Koordinations- und Steuersysteme. Diese entsprechen beim tierischen bzw. menschlichen Organismus dem Nervensystem und dem hormonalen System. Hinzu kommt bei Tieren und Menschen, dass sie sich bewegen und nicht wie Pflanzen an Ort und Stelle leben und sich selber ernähren. „Diese Mobilität erfordert schnelle Reaktionen, die oft im Bereich von Millisekunden liegen und für deren Kontrolle die relativ langsamen Hormonsysteme nicht mehr ausreichen. Muskelzellen, die solche schnellen Reaktionen ausführen, und Nervenzellen [Neuronen], die diese Reaktionen steuern, bilden daher ein Charakteristikum tierischer Organismen" (Wehner/Gehring 1990, S. 344).

Alle Verhaltensweisen basieren auf einem neuronalen Netzwerk [Hardware von miteinander verschalteten Neuronen, die nicht fest miteinander verdrahtet sind]. Diese Netzwerke besitzen ein gewisses „Maß an Plastizität, d.h. die Fähigkeit, erfahrungsbedingte, funktionelle, in einigen Fällen sogar anatomische Änderungen zu durchlaufen" (Eckert 1993, S. 244).

Nervensysteme verschiedener Organismen unterscheiden sich hinsichtlich der Ausdifferenzierung: Höher entwickelte Tiere besitzen viel mehr Neuronen als niedriger entwickelte Tiere: Octopusse [Kraken] besitzen beispielsweise ca. 100 Millionen Nervenzellen und ihre Verhaltensweisen werden als „intelligent" eingestuft. Der Mensch dagegen hat an die 10-100 Milliarden Neuronen (vgl. Eckert 1993, S. 148 und 247).

Bestandteile von Nervensystemen sind Neuronen, Rezeptorzellen der jeweiligen Sinnesorgane und die Gliazellen, die sich mit Nervenzellen aus gleicher Anlage entwickeln und ca. 50% der Hirnmasse beim Menschen ausmachen.

Bevor genauer auf die neurobiologische Lernprozesse eingegangen wird, ist es unabdingbar, eine kurze Einführung in das menschliche Nervensystem, speziell das ZNS zu geben.

2.3.2 Das Neuron als kleinste Elementareinheit und seine Funktionsweise

Die funktional kleinste Einheit des ZNS, sozusagen dessen Baustein, ist das Neuron:

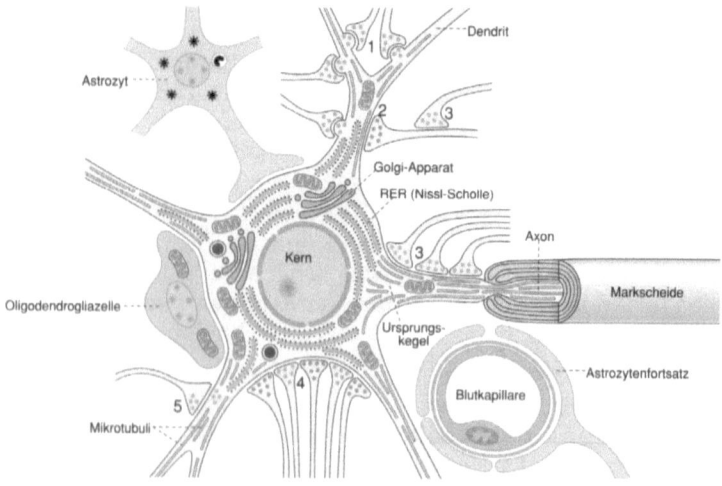

Abb. 6: Der Aufbau eines Neurons (Welsch 1997, S. 97)

Ein Neuron besteht aus einem Zellkörper, aus bäumchenartigen Verzweigungen [den Dendriten mit ihren Dornen] und aus einem Axon.

Neuronen haben die Funktion, Erregungen hervorzubringen, zu integrieren und fortzuleiten. Dabei fließen ihnen Erregungen von Rezeptorzellen oder anderen Nervenzellen zu, die sie über ihr Axon zu anderen Nerven- oder Effektorzellen [Muskel- und Drüsenzellen] weiterleiten.

Nervenfasern, die von den Rezeptoren zum ZNS laufen, heißen afferent, Fasern, die vom ZNS zu den Effektorzellen laufen, heißen efferent.

Die Weiterleitung von Informationen wird im Nervensystem mittels Änderungen der elektrischen Membranspannung der Nervenfasern [Aktionspotential] bewerkstelligt. Der Raum zwischen zwei Neuronen heißt synaptischer Spalt und kann im Spezialfall elektrisch [elektrische Synapsen heißen gap junctions und sind z.B. bei Herzmuskelzellen zu finden], allerdings in den meisten Fällen chemisch [bei den meisten Nervenzellen gibt es chemische Synapsen mit Transmitterausschüttung] überbrückt werden.

Hierfür gibt es eine Verbindungsstelle zwischen den Neuronen, die sogenannte Synapse. Die Synapse besteht aus der Prä- und der Postsynapse, der prä- und postsynaptischen Membran und einem winzig kleinen synaptischen Spalt, in dem Transmitter aus Vesikeln wie z.B. Acetylcholin [das sehr förderlich für das Lernen ist] ausgeschüttet werden. An den meisten Synapsen wird ein elektrischer Impuls in eine chemische Information umgewandelt, um an der postsynaptischen Membran wieder in einen elektrischen Impuls überführt zu werden. Die Synapsen haben zwei Funktionen: Zum einen führen sie die Signalübermittlung durch, zum anderen übernehmen sie einen Teil der Informationsspeicherung im Gedächtnis. Synapsen ermöglichen es einem einzigen Neuron, mit bis zu 10.000 weiteren Neuronen in Kontakt zu treten (im wesentlichen: vgl. Hüholdt 1993, S. 170-190; vgl. Vester 1997, S. 30-36; vgl. Wehner/ Gehring 1990, S. 359-364).

Transmitter, die in den synaptischen Spalt ausgeschüttet werden, können eine erregende oder eine hemmende Wirkung haben. Erst bei einer ausreichenden Konzentration des Transmitters im synaptischen Spalt und einer entsprechenden Aufnahmestellen in der Postsynapse entsteht dort ein weiteres Aktionspotential.

Bei den Neuronen gilt es zu beachten, dass ihr eigentliches Wachstum bis zur 22. Schwangerschaftswoche und ihre Wanderung an die betreffenden Zielorte bis zur 27. Schwangerschaftswoche abgeschlossen sind, während ihre Ausdifferenzierung bis zum vierten Lebensjahr anhält (vgl. Kornhuber 1987, S. 12).

Die Phase der Ausdifferenzierung und Vernetzung [Nervenzellen treten über Synapsen miteinander in Kontakt] wird von den Autoren unterschiedlich gesehen. Dessen ungeachtet sind sich die Autoren einig, dass sowohl die Genetik als auch die

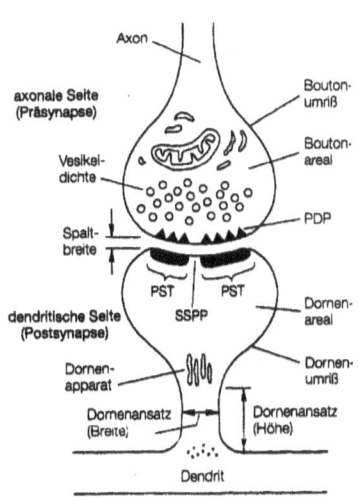

Abb 7.: Aufbau einer Synapse (Milz 1999, S. 23)

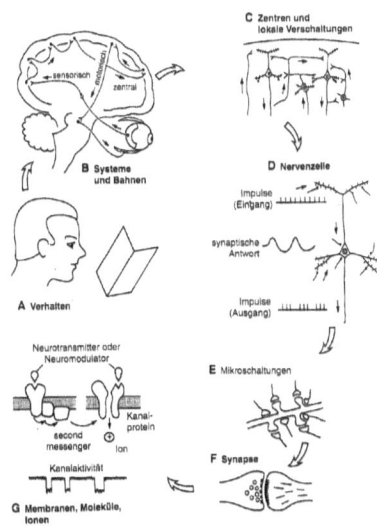

Abb. 8: Schematische Darstellung der Organisation von der Ebene des Verhaltens bis zur molekularen Ebene (Shepherd 1993, S. 4)

Umwelt bei der Vernetzung der Zellen eine bedeutende Rolle spielen (vgl. Gaddes 1991, S. 54; vgl. Kornhuber 1987, S. 12; vgl. Milz 1999, S. 25; Vester 1997, S. 39).

2.3.3 Aufbau und Funktionsweise des Zentralnervensystems

Das gesamte Nervensystem lässt sich nach morphologischen und funktionellen Gesichtspunkten in folgende Subsysteme einteilen:

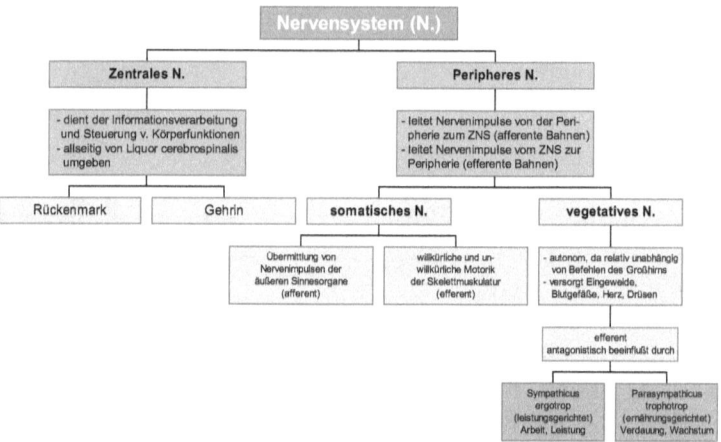

Abb. 9: Übersicht über die Untergliederung des gesamten Nervensystems beim Menschen (Übersicht in Anlehnung an die Abbildung 6.11 Zentralisierte Nervensysteme Wehner/Gehring 1990, S. 365)

Die meisten Neuronen befinden sich [laut Gardenne ¾ aller Nervenzellen] im Gehirn und im Rückenmark (vgl. Gadenne 1996, S. 140).

Das Gehirn wird allgemein als Encephalon oder Cerebrum bezeichnet. Entwicklungsgeschichtlich sind folgende fünf Hirnabschnitte zu unterscheiden:

Gehirn [Encephalon]	Vorderhirn [Prosencephalon]	Endhirn mit den beiden Großhirnhemisphären [Telencephalon]
		Zwischenhirn [Diencephalon]
	Mittelhirn [Mesencephalon]	
	Rautenhirn [Rhomencephalon]	Brücke [Pons]
		Kleinhirn [Cerebellum]
		verlängertes Rückenmark [Medulla oblongata]

Abb. 10: Gliederung der Gehrinabschnitte im ZNS

Anatomisch gestalten sich die Abschnitte folgendermaßen:

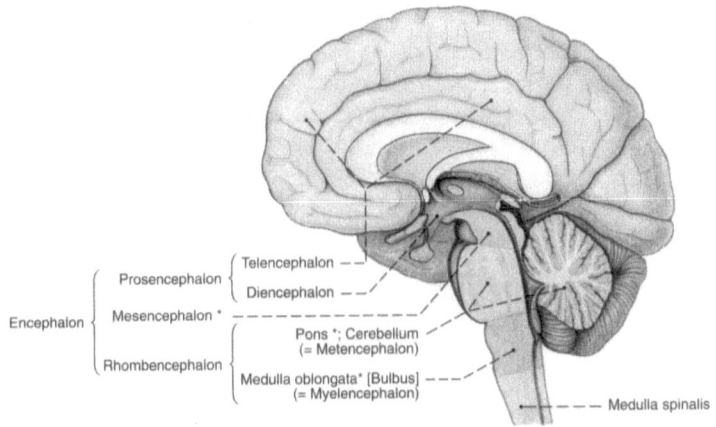

*Abb. 11: Gliederung des zentralen Nervensystems; Medianschnitt; Schema (Putz/Pabst 1993, S. 275), die mit * bezeichneten Teile des Gehirns bilden zusammen den Hirnstamm [Truncus encephali]*

Das sich in der Schädelkapsel befindende humane Gehirn, ist umgeben von der Hirnflüssigkeit, der sogenannten Liquor cerebrospinalis. Diese Flüssigkeit schützt das Gehirn vor Druck und Stößen.

Um einen ganzheitlichen Überblick über die Komplexität des Gehirns zu vermitteln, und um zu verdeutlichen, welche Funktionen erfüllt werden, damit ein Organismus ungestört arbeiten und lernen kann, wird an dieser Stelle auf den Aufbau und die Funktionen der Hirnabschnitte eingegangen:

Stammhirn: Zum Stammhirn [auch Hirnstamm genannt] zählen Mittelhirn, Brücke und verlängertes Mark.

Diese Abschnitte sind Ursprungsorte für die dort austretenden paarigen Hirnnerven. Dabei handelt es sich um:

- motorische [Bewegungen veranlassende],
- sensible [Empfindungen leitende],
- sensorische [meint die Aufnahme, die Weiterleitung und die Verarbeitung von Umweltinformationen im Dienst der Sensibilität, d.h. der Sinnesorgane]
- und vegetative [die Eingeweide versorgende] Hirnnerven.

Diese Nerven versorgen den Kopf einschließlich der Sinnesorgane, z.T. den Hals wie auch Brust- und Bauchorgane (vgl. Urban & Schwarzenberg 1993, S. 751).

Das verlängerte Mark verbindet das Rückenmark mit der Brücke. Vom gesamten Stammhirn ausgehend bis zum Zwischenhirn liegt verstreut ein Netzwerk von miteinander verbundenen Neuronen. Es handelt sich um die Formatio Reticularis, welche Bedeutung hat für motorische, sensorische und auch vegetative Funktionen. Sie reguliert den Wach- und Schlafrhythmus sowie den Aufmerksamkeitsgrad des Menschen.

Das Mittelhirn kontrolliert Hirnnervenreflexe, wie z.B. den Pupillenreflex. Die Brücke ist die Verbindung zwischen Großhirnrinde [Cortex] und Rückenmark für die zuleitenden Bahnen vom Rückenmark zum sensorischen Rindenbereich und für motorische Bahnen zum Kleinhirn und für Bahnen vom Kleinhirn zum Rückenmark (vgl. Gaddes 1991, S. 61, 66; vgl. Gadenne 1996, S. 141; vgl. Milz 1999, S. 17, 20; vgl. Wehner/Gehring 1990, S. 369).

Kleinhirn: Das Kleinhirn befindet sich in der hinteren Schädelgrube. Es ist mit dem Mittelhirn, der Brücke und dem verlängerten Mark verbunden. Das Kleinhirn bildet ein Zentrum für Haltungs- und Bewegungskoordination und ist v.a. bei Lebewesen, die rasche Körperbewegungen ausführen, ausgeprägt. Weiterhin sorgt das Kleinhirn für die Raumorientierung und für die Gleichgewichtserhaltung; es ist eine Meldestelle für den Tastsinn und stimmt beim Bewegungsbefehl des Großhirns die Einzelbewegungen der Muskel aufeinander ab und verarbeitet die aus den Muskeln ankommenden Reizmeldungen. Beim krankhaften Ausfall des Kleinhirns kommt es beim Menschen zu unkoordinierten Muskelkontraktionen. Geordnete und schnelle Bewegungen werden in diesem Fall unmöglich (vgl. Gadenne 1996, S. 141 in Anlehnung an Leiner et al. 1991; vgl. Gaddes 1991, S. 67; vgl. Rohen 1975, S. 352; vgl. Vester 1997, S. 24/25; vgl. Wehner/Gehring 1990, S. 369/371).

Zwischenhirn: Der Großhirnrinde [Cortex] vorgeschaltet ist das Zwischenhirn, welches eine wichtige Zwischenstation für alle Nervenbahnen [außer der Riechbahn], die zu ihr hin- und fortführen, darstellt. Das Zwischenhirn hat vier große Kerngebiete: Dazu zählen der Thalamus, der Metathalamus, der Epithalamus und der Hypothalamus. Innerhalb dieser Gebiete ist eine Anhäufung von Nervenkernen mit diversen Aufgaben enthalten.

Thalamus: Er entspricht dem Bewusstsein und in ihm liegt die Hauptumschaltstation von sensorischen Bahnen auf Vorderhirnbahnen, d.h. zwischen Sinnesorgan und Großhirn. Im Thalamus münden sensorische Nervenfasern aller Sinnesorgane mit Ausnahme des Geruchssinnesorgans, letzterer wird vom Großhirn direkt versorgt. Hier erfolgt nicht nur die Informationsweiterleitung, sondern auch deren Auswertung. Bei Verletzungen erfolgen Störungen von visuellen, auditiven und taktilen [den Tastsinn betreffenden] Informationsauswertungen.

Metathalamuskerne: Seh- und Hörbahn. Epithalamus: Bisher noch wenig bekannt; vermutet wird eine Verbindung mit dem vegetativen und dem limbischen System [Motivationen und Emotionen].

Hypothalamus: Regelung von Wasserhaushalt, Hunger, Durst, Stoffwechsel, Sexualfunktionen und Aggressivität. Der Hypothalamus ist das Zentrum aller vegetativen Prozesse im Körper und erfüllt homöostatische Funktionen im Körper, d.h. die Konstanthaltung von Temperatur, Blutzuckerspiegel, Flüssigkeitsvolumen etc., die den menschlichen Körper relativ unabhängig machen von den Umweltbedingungen. Bei Schädigungen kann es z.B. zu einem unkontrollierten Freßverhalten oder zur Ausschaltung des Sexualtriebes kommen. Der Hypothalamus beeinflusst die Hormonproduktion über die Hirnanhangsdrüse, die sogenannte Hypophyse, und bildet somit die Schaltstelle zwischen Nerven- und Hormonsystem (im wesentlichen: vgl. Gadenne 1996, S. 142; vgl. Milz 1999, S. 16; vgl. Wehner/Gehring 1990, S. 371).

Großhirn: Das Großhirn besteht aus zwei stark gefurchten Hirnhälften, auch Hemisphären genannt. Beide Hirnhemisphären bilden den Neocortex, d.h. die in der Evolution jüngere Großhirnrindenstruktur. Die gesamte Hirnoberfläche hat einen Umfang von ca. 1200 cm², eine Dicke von 3 mm und besitzt in sechs Schichten etwa 10 Milliarden Nervenzellen, die – dicht gepackt und stark vernetzt – eingehende Informationen verarbeiten. In ihrer Entwicklung während der Embryogenese wandern die Nervenzellvorläufer an ihren Bestimmungsort, wo ihr Axone auswachsen und sie Verbindungen zu anderen Zellen knüpfen (vgl. Gadenne 1996, S. 143; vgl. Milz 1999, S. 15).

Während der Entstehung der Neuhirnrinde [Neocortex] wird die Althirnrinde sozusagen in die Tiefe des Gehirns verlagert, „wo sie als limbisches System eine ringförmige Anordnung [limbus (lat.) = Ring] mehrerer cortikaler Strukturen bildet [z.B. Hippocampus, Nucleus amygdala] und mächtige reziproke Faserverbindungen mit Hypothalamus und Hirnstamm eingeht. Generell als neuronales Substrat für artspezifisches Verhalten interpretiert, wird das limbische System bei höheren Primaten und beim Menschen als Sitz >emotionellen, affektiven Verhaltens< angesehen" (Wehner/Gehring 1990, S. 373). Funktionelle Bestandteile des limbischen Systems werden mit dem KZG [Kurzzeitgedächtnis] in Zusammenhang gebracht. Darauf wird an weiterer Stelle näher eingegangen.

Beide Hemisphären sind zwecks Austausch von Informationen und Kommunikation durch den Balken, einen Nervenstrang aus vielen Millionen Nervenzellen, miteinander verbunden. Im Laufe der Evolution erhielt das Großhirn die Funktion eines übergeordneten Integrationszentrums für sensorische und motorische Informationen.

Die Großhirnrinde lässt sich in verschiedene Bereiche [Rindenfelder] aufteilen, die unterschiedliche Aufgaben erfüllen, wobei einzelne Felder ineinander übergehen bzw. bei Zerstörung von Feldern andere ihre Aufgaben übernehmen können. In den sensorischen Projektionsfeldern enden die von den Sinnesorganen kommenden Nervenfasern. Sensorische und motorische Felder, welche die rechte Körperseite versorgen, befinden sich in der linken Hirnhälfte und umgekehrt.

Das Großhirn ist der Sitz von Bewusstsein, Wille, Intelligenz, Gedächtnis, Sprache, und Lernfähigkeit, wobei Gedächtnis und Lernfähigkeit nur schwer einem bestimmten Assoziationsfeld zuzuweisen sind; vielmehr wird eine Streuung über mehrere Bereiche im Großhirn vermutet. Die Aufteilung in zwei Hemisphären erlaubt beim Menschen eine Lateralisierung bestimmter Großhirnfunktionen, d.h. eine Verfeinerung des Hierarchieprinzips auf eine der beiden Hirnhälften (vgl. Wehner/Gehring 1990, S. 371-375).

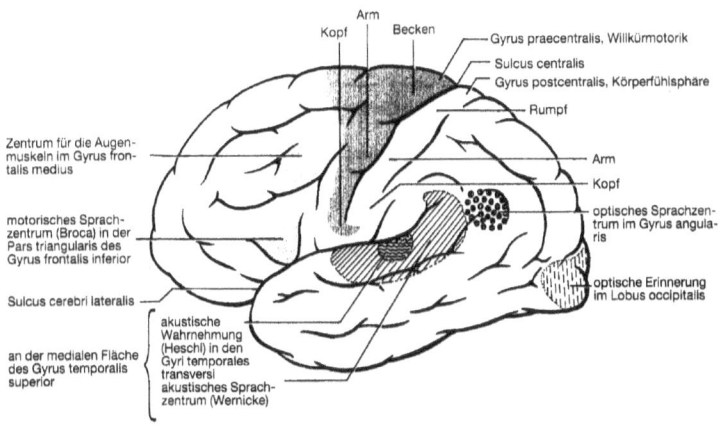

Abb. 12: Hirnareale (Bertolini 1995, S. 370)

Allgemein konnte der zugrundeliegenden Literatur entnommen werden, dass bei den meisten Menschen die linke Hirnhälfte[2] generell für die Sprache dominant ist, was oft in Zusammenhang mit der Händigkeit gebracht wird [rechte Hand und Körperseite wird von der linken Hälfte versorgt; wird diese Hand mehr beansprucht, so auch die linke Hemisphäre] (vgl. Gadenne 1996, S. 164-166; vgl. Gaddes 1991, S. 262-274; vgl. Thompson 1994, S. 450-452; vgl. Vester 1997, S. 27).

Diese Unterscheidung wird teilweise auf verschiedene kognitive und motorische Fähigkeiten ausgeweitet und mit einer generellen Dominanz der linken über die rechte Hälfte andiskutiert mit dem Argument, dass unser gesamtes Bildungssystem v.a auf die Förderung von logischen, detaillierten, analytischen und mathemati-

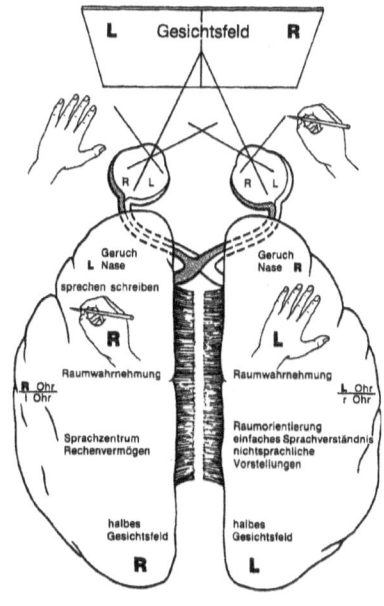

Abb. 13: Schematische Darstellung der Projektionen in der rechten bzw. linken Hemisphäre (Shepherd 1993, S. 586 in Anlehnung an Sperry 1974)

---

2 [zuständige Zentren dafür sind das Broca-Sprachzentrum sowie das Wernickesche Areal, die sich auf beiden Hälften befinden, jedoch in der dominanten Hälfte mehr Raum einnehmen]

schen Fähigkeiten abzielt und weniger auf ein ganzheitliches, kreatives und musisches Verständnis. Erschreckend ist der Gedanke, dass der Mensch durch eine Vernachlässigung der rechten Hirnhälfte im Falle eines linksseitigen Schlaganfalls, welcher die rechte Körperhälfte außer Kraft setzt, sich selber in eine sehr prekäre Situation hineinmanövrieren könnte. Interessant in der Hirnforschung ist, dass symmetrische bilaterale Schädigungen im Gehirn, selbst nur im geringen Umfang, schlimmere Folgen haben als größere unilaterale Schädigungen (vgl. Kornhuber 1987, S. 18).

Ergänzend muss in diesem Zusammenhang das Rückenmark erwähnt werden, welches zusammen mit dem Gehirn das ZNS bildet.

Im Rückenmark befinden sich sämtliche auf- und absteigenden Nervenbahnen oder auch Nervenfasern [afferente und efferente Bahnen]. Ein Teil der Informationsverarbeitung findet allein im Rückenmark statt und ist als Reflex bekannt, z.B. der Kniesehnenreflex.

In Anbetracht der humanen Evolution vollzog sich die Entwicklung vom ersten Menschen, dem Homo habilis [der fähige, geschickte Mensch; vor 2,3 bis ca. 1,5 Millionen Jahren mit einer Schädelkapazität von im Mittel 640 cm^3!] über den Homo erectus [der aufrechte Mensch; vor 1,8 bis ca. 0,6 Millionen Jahren mit einer Schädelkapazität von im Mittel von 1000 cm^3!] bis zum rezenten Homo sapiens sapiens. Diese Entwicklung bezog sich auf den aufrechten Ganges, die Greifhand, die Werkzeuge herstellt, das binokulare und stereoskope Sehen [mit beiden Augen raumbildlich sehen]sowie die Entwicklung von Sprache, Lernen, Denken, flexiblen Verhaltensmustern, Kultur und Traditionen. In diesem Sinn war auch die Vergrößerung des Gehirns von entscheidender Bedeutung. Unser heutiges Gehirn füllt die knöcherne Schädelkapsel im Mittel beim erwachsenen Mann mit ca. 1446 cm^3 und bei der Frau mit 1330 cm^3 (Werte aus Knußmann, 1996, S. 311, 375-380) aus. Dementsprechend gehört der Mensch mit einer Hirn-Körper-Relation von ca. 1:50 bzw. 1:45 zu den Lebewesen mit dem relativ meisten Hirngewicht im Verhältnis zum Körpergewicht. Ohne eine starke Zunahme der Hirnmasse [aus diesem Grund ist unser Gehirn auch sehr stark gefaltet und besitzt viele Furchungen/Sulci sowie Windungen/Gyri, um diese Masse auch in der Schädelkapsel unter zu bringen!] wären sämtliche kognitiven Leistungen, die Menschen heute vollbringen, nicht möglich.

2.3.4 Biochemische Grundlagen des Lernens: Die Gedächtnisarten

Lernen und Denken läuft im ZNS und seinen Elementareinheiten [den Nervenzellen] ab, doch spielen dabei die Gedächtniselemente eine wichtige Rolle. Gemeint sind damit das UKZG, das KZG und das LZG.

Das **UKZG [Ultrakurzzeitgedächtnis]** hat die Funktion eines Informationsfilters, welches verhindert, dass das Gehirn mit zu vielen Informationen überflutet wird [wird auch als das sensorische Gedächtnis bezeichnet]. Ankommende Wahrnehmungen, die als elektrische Erstinformation bezeichnet werden, klingen dort innerhalb von ca. 1-20 Sekunden ab, wenn sie nicht mit bereits vorhandenen im Gehirn kreisenden Gedanken assoziiert werden.

Gelangen die Informationen mittels Assoziationen ins **KZG** [wird auch Arbeitsgedächtnis genannt], welches eine begrenzte Kapazität bzw. Speicherdauer hat, so können die Informationen dort bis zu 20 Minuten verbleiben, bevor sie z.B. durch einen Schock oder starke elektrische Reizung aus dem KZG gelöscht werden.

Der Übergang vom UKZG ins KZG ist mit der RNS-Synthese [Ribonucleinsäure-Synthese] verbunden, d.h. beim Menschen spielt sich während des Lernvorganges in seinen Zellkernen, wo sich die DNS [Desoxyribonucleinsäure: sämtliche Erbinformationen, sozusagen der gesamte Bauplan des Menschen] befindet, folgende Prozesskaskade ab:

Angeregt durch Wahrnehmungsimpulse, faltet sich die DNS [besteht aus einem Doppelstrang mit einer zur Doppelhelix gewundenen Strickleiter] an bestimmten Stellen auseinander, an der einsträngige Kopien [die RNS-Matrizen] hergestellt werden, die im Cytoplasma [das sich außerhalb des Kerns befindet] an Zellorganellen [Ribosomen] als Vorlage dienen, um Aminosäureketten [Bestandteile der Eiweiße] zu knüpfen, die ab einer bestimmten Größe zu Eiweißketten oder auch Proteinmolekülen werden. Diese Prozesse spielen sich im Gehirn beim Lernen ab, wenn Informationen vom KZG ins LZG [Langzeitgedächtnis] gelangen sollen.

Um Verwirrungen vorzubeugen, muss erwähnt werden, dass im Gehirn beim Lernen keine „Proteinknäuel" entstehen, die Informationen über ein z.B. eben gerade gelesenes Buch beinhalten [so einfach gestaltet sich der Lernprozess und die stoffliche Veränderung in den Nervenzellen im Gehirn nicht]. Vielmehr bilden diese Knäuel zwar einen Informationsspeicher, aber sie verändern auch die Zellmembran und damit die Impulsweitergabe. Aus einer eingegangenen Information wird so Materie, die beim Erinnern durch Aktivierung der betreffenden Zellen wieder präsent wird. Die Langzeitspeicherung vollzieht sich durch den schrittweisen Aufbau von Eiweißen. „Je öfter ein Impuls über die betreffende Synapse erfolgt, desto niedriger wird dadurch die Energieschwelle zum

Übergang auf die Empfängerzelle" (Vester 1997, S. 76). Auf die genauen Zusammenhänge chemischer Informationsspeicherung wird nachfolgend eingegangen.

Das **LZG** kann als unbegrenzter Speicher mit unbegrenzter Speicherdauer betrachtet werden, da selbst Versuche, bei denen verschiedene Nervenverbindungen gestört oder zerschnitten wurden, nicht Informationen aus dem LZG löschen konnten. Beim Abspeichern ins LZG sind immer sehr viele, über das Gehirn verteilte Nervenzellen beteiligt, die dann mit ähnlichen Nervenzellverbindungen in Kontakt treten [Assoziationen]. Wird die Herstellung der Eiweiße unterbrochen wie z.B. durch einen Unfallschock, so gelangt die Information nicht ins LZG und wird gelöscht.

Um den Bezug zum Lernen zu knüpfen, muss erwähnt werden, dass bei intensiv erlebten Geschehnissen die einmalige Speicherung für ein lebenslanges Erinnern genügt, während es beim Lernen öfters gespeichert werden muss. Der Unterschied liegt darin, dass der Unterrichtsstoff weniger erlebt, sondern gelesen und gehört wird, so dass das Gehirn eine neue Information mit vorhandenem Gedächtnisinhalt verknüpfen muss, damit aus einer Ein-Kanal-Information [z.B. nur lesen eines Stoffes] eine Mehr-Kanal-Information werden kann. Damit werden viele Assoziationen ermöglicht und verschiedene Synapsen beteiligt, deren Strukturveränderungen ein Herabsinken des elektrischen Schwellenwertes zur Bildung von Aktionspotentialen [Aktionspotential bedeutet, dass die Synapse „feuert"] und damit das Aktivieren dieser Synapsen einschließlich des Erinnerns erleichtern. Dabei ist das limbische System, speziell davon ein funktioneller Teil, nämlich der Hippocampus, beteiligt, welcher in der Lage ist, Vorstellungen mit Bildern zu verknüpfen (vgl. Vester 1997, S. 55-84).

Andere Autoren sehen den Hippocampus als den Ort an, wo die Informationsübertragung vom KZG ins LZG erfolgt und begründen dies anhand eines klinischen Vorfalls: Ein an Epilepsie/Fallsucht leidender Mann bekam seinen Hippocampus beidseitig mit dem Resultat entfernt, dass seine vorherigen Kenntnisse, die er im LZG gespeichert hatte, erhalten blieben, aber er nicht mehr fähig war, Informationen aus dem KZG ins LZG zu übertragen (vgl. Gadenne 1996, S. 155/156; vgl. Thompson 1994, S. 428; vgl. Shepherd 1993, S. 558).

Nach heutigem Stand der Forschung werden Wissensinhalte nicht in einzelnen Nervenzellen abgelegt, sondern in Zellverbänden, deren Nervenzellen über das gesamte Gehirn verteilt sein können (vgl. Gadenne 1996, S. 136-140; vgl. Milz 1999, S. 21-30; vgl. Wehner/Gehring 1990, S. 345-358).

Circa 15 Milliarden Nervenzellen stehen über einen noch nicht entschlüsselten Code miteinander in Kontakt. Die Axone einer Nervenzelle sind isoliert durch eine Myelinschicht, analog zu einem Elektrokabel. Diese Isolierschicht verhindert Kurzschlüsse zwischen den Fasern. Solche Kurzschlüsse führen zu Krankheiten wie z.B. Epilepsie.

Im Nervenzellkörper wird ein Eiweiß [Peptid] hergestellt, welches die Faser entlang läuft und bestimmt, mit welchen anderen Nervenzellen die Verbindung aufgenommen wird. Bei diesen Eiweißmolekülen handelt es sich um Erkennungsmoleküle, die bei den bisherigen Erkenntnissen über Gehirnentwicklung und Lernen eine zentrale Rolle spielen.

So sorgen ca. 500 Billionen Synapsen sowohl für gezieltes Nachdenken als auch für passende Erinnerungen, damit im Gehirn kein Chaos durch Aufrufen sämtlicher Erinnerungen ausbricht (vgl. Vester 1997, S. 36).

Werden bestimmte Synapsen immer wieder benutzt, erfolgt eine Art neuronaler Bahnung mit molekularen Veränderungen an den beteiligten Synapsen. In diesem Zusammenhang wird auch von Engrammen [Gedächtnisspuren] gesprochen. Dies bedeutet letztendlich, dass bereits gespeicherte Informationen zu einem bestimmten, bekannten Reiz beim Wiedererleben desselben schnell zugänglich sind.

Interessant sind Ergebnisse von Untersuchungen an Ratten, die in Käfigen mit vielen Spielmöglichkeiten gehalten wurden und deren Kontrollgruppe, die im kargen Käfig aufwuchs: Es wurden nach Tötung der Tiere die jeweiligen Gehirne seziert und festgestellt, dass die Gehirne der Tiere in abwechslungsreicher Umgebung schwerer waren [d.h., sie hatten eine dickere Rinde] und mehr RNS-Synthese aufwiesen. Es wurde darauf geschlossen, dass sie auch mehr synaptische Verbindungen hatten (vgl. Gaddes 1991, S. 170/171).

Mittlerweile gilt es als erwiesen, dass Lernen die Zunahme synaptischer Strukturen fördert; umgekehrt führt eine Nichtbenutzung zu deren Abbau (vgl. Hüholdt 1993, S. 140/141; vgl. Milz 1999, S. 25).

Ein wichtiger Unterschied der Nervenzellen, verglichen mit den restlichen Körperzellen, besteht darin, dass sie ihre Teilungsfähigkeit nach der Geburt des Menschen verlieren und im Falle einer Beschädigung nicht mehr repariert werden können. Dies bedeutet auch, dass sie wenn sie einmal absterben, nicht mehr ersetzt werden können und der Mensch mit einer verminderten Anzahl auskommen muss (vgl. Gaddes 1991, S. 48; vgl. Vester 1997, S. 38).

Vester sieht den Verlust der Teilungsfähigkeit darin begründet, dass zwar die DNS des Zellkerns weitergegeben wird, nicht aber die bereits gespeicherte Erbinformation. Somit arbeitet jeder Mensch mit denselben Zellen, die er bereits als Säugling entwickelt hat. Durch Gene wird ein Teil der Neuronenverknüpfungen festgelegt. Dies hat den Vorteil, dass ein großes Wissen über die Welt vorliegt, z.B. angeborene Verhaltensmuster. Der Rest erfolgt in den folgenden Monaten, wo Hirnzellen sich teilen und über Fasern miteinander in Kontakt treten. Der Unterschied zum restlichen Körper liegt darin begründet, dass diese Zellen je nach vorhandener Umwelt anders wachsen. „Es ist dies die einzige Zeit, in der sich äußere Einflüsse, wie die Wahrnehmung durch das Auge, die Nase, den Geschmack, Hören und Fühlen, in der Ausbildung des Gehirns direkt niederschlagen können, d.h. in anatomischen Veränderungen, in festen Verknüpfungen zwischen den wachsenden Zellen" (Vester 1997, S. 39).

Durch die kybernetische Denkgestaltung bildet sich ein inneres Abbild der Welt, in der es gilt, sich zurecht zu finden. „So findet zum einen die jeweilige Umwelt in unserem Gehirn automatisch Assoziationsmöglichkeiten – und zwar in Mustern und nicht etwa in Begriffslisten –, so, wie es der holographischen Speicherung in den neuralen Engrammen entspricht. Und zum anderen erkennt unser Gehirn sich auf diese Weise selbst in dieser Umwelt wieder. Es entstehen Vertrautheit und Verständnis zwischen Organismus und Umwelt – wichtige Grundbedingungen des Lernens, des Sichzurechtfindens in dieser Welt" (Vester 1997, S. 41).

Viele Bedingungen, wie zu viel Sauerstoff bei einem Frühchen [zu früh geborenes Kind], hindert die Hirnzellteilung. In den ersten Wochen, wo diese irreversible Formung des Hirns sich bildet, entsteht ein Grundmuster, dass von Mensch zu Mensch variiert. Nach Vesters Meinung äußern sich spätere Eindrücke aus der Umwelt nicht in einer größeren Vernetzung, sondern werden in das bestehende Netz als stofflich gespeicherte kodifizierte Erinnerungen eingebaut [siehe neuronale Bahnung, Engramme und plastische Veränderung von Synapsen]. Aufgrund dieser Prämissen ist es logisch, dass jeder Mensch ein anderes Netzwerk und damit ein anderes Grundmuster besitzt, das geprägt ist von seiner genetischen Basis und v.a. von den Eindrücken seiner Umgebung, aber auch abhängig ist von sozialen Faktoren [Nähe, Liebe, Fürsoge, respektvoller Umgang etc.] und der Ernährung. Diese Grundmuster spiegeln sich in den unterschiedlichen Lerntypen wieder, auf die noch eingegangen wird (vgl. Hüholdt 1993, S. 235-244; vgl. Vester 1997, S. 37-47).

2.3.5 Weitere Einflussfaktoren für das Lernen, die Lernarten und die Lerntypen

Generell wird die menschliche Entwicklung von der sozialen Umwelt geprägt und zwar auf dreierlei Weise, nämlich mittels Sprache mit ihrer Syntax und Semantik, mittels geistiger Werte, die den Inhalt der Austauschprozesse bestimmen und mittels logischer oder auch prälogischer gesellschaftlicher Normen, die das Denken reglementieren (vgl. Piaget 1984, S. 176-185).

In diesem Zusammenhang müssen auch Aufmerksamkeit, Emotionen und Motivationen aufgeführt werden, die i.V.m. Lernen genannt werden. Ein Mensch ist seiner Umwelt und den darin enthaltenen unzähligen Reizen ausgesetzt, wobei nur wenige dieser Reize aufgenommen und beantwortet werden: In der Umwelt sind ca. 10^9 bit an Informationen enthalten, wobei bit als Maß für den Informationsinhalt dient. Der Ausdruck 10^9 bit/s bezeichnet den Informationsfluss. Aus diesem Fluss werden vom menschlichen Gehirn ca. 10^2 bit/s bewusst aufgenommen und verarbeitet (vgl. Silbernagl/Despopoulos 1991, S. 274; vgl. Vester 1997, S. 85/86). „Diese kleine Auswahl tritt aber nun durch die unterschiedlichsten bewussten und unbewussten Denkprozesse mit der bereits im Gehirn vorhandenen Information, sozusagen mit dem Erfahrungsmaterial der grauen Zellen, in Resonanz, so dass sie über eine Vielzahl von Assoziationen wieder bis auf 10^7 bits pro Sekunde, also auf das zehntausendfache angereichert wird" (Vester 1997, S. 85/86). Der Grund für die Selektion durch das Gedächtnis liegt darin, dass eine Informations- und damit Reizüberflutung des Organismus verhindert werden soll.

Aufmerksamkeit kann als eine Selektion spezifischer Informationen aus der Umwelt durch den Organismus verstanden werden (vgl. Gaddes 1991, S. 187/188). Dies schließt das Verteilen der Aufmerksamkeit sowie die begrenzte Kapazität mit ein (vgl. Gadenne 1996, S. 104).

Für Kornhuber ist neben einem intakten Gehirn v.a. die Motivation und der Wille für das Lernen von entscheidender Bedeutung (vgl. Kornhuber 1987, S. 21/22). Hüholdt bringt Motivation mit Lernleistung und Lernerfolg in Verbindung, indem er sagt, dass mit zunehmender Stärke direkter und indirekter Motivation auch die Lernleistungen und der Lernerfolg zunehmen (vgl. Hüholdt 1993, S. 108).

Vester sieht in der Emotion eine wichtige Lern- und Handlungskomponente, die mit der Weiterentwicklung des Gehirns einhergeht. Das Prinzip, Tätigkeiten mit Emotionen zu verbinden, erweist sich als immer erfolgreicher für das Überleben und Anpassen an die gegebene Umwelt.

„Endlich verändern die Gefühle sogar ihre ursprüngliche Funktion und werden zu Bewusstsein, das uns Menschen schließlich hilft, ganz besondere komplexe Tätigkeiten auszuüben: nachdenken, planen, entwerfen, vergleichen, urteilen, eigene Erfahrungen symbolisieren, d.h. in eine Sprache übersetzen und sie sogar anderen mitteilen" (Vester 1997, S. 20). Für Gerke gibt es eine Korrelation zwischen dem Grad der emotionalen Betroffenheit und dem Verankerungsgrad von Erfahrungen mittels der Synapsen, der Schaltstellen von Nervenzellen (vgl. Gerke 1998, S. 29). Hüholdt und Vester machen deutlich, dass Lerninhalte nie isoliert abgespeichert werden, sondern nur i.V.m. Begleitinformationen, sogenannten Sekundärinformationen wie den Gefühlen, dem Erfahren des Lernstoffes, dem Verhalten des Lehrenden, dem Klassenklima, dem Licht, den Gerüchen und vielem mehr. Ebenso funktioniert die Lernblockade: Hierbei werden Primärassoziationen [bzgl. des wahrgenommenen Stoffes] mit Sekundärassoziationen [z.B. Gefühle und andere Eindrücke] verknüpft. Der unbekannte Stoff kann also wenig mit Bekanntem und Angenehmem assoziiert werden. Hinzu kommen vielleicht noch die negativen Lernbedingungen im Klassenkontext [z.B.: der Lehrende offeriert ein Thema auf verschiedene Weisen und zwar innerhalb kurzer Zeit] und die Lernblockade setzt ein. Für den Körper bedeutet dies, dass innerhalb kürzester Zeit Stresshormone, z.B. Adrenalin und Noradrenalin ausgeschüttet werden, die den Menschen auf Kampf- und Fluchtsituationen vorbereiten, so dass jedwedes Denken und Verstehen blockiert wird. Gleichzeitig wird die Ausschüttung anderer Botenstoffe im Hirn, die für Lernvorgänge essentiell sind, unterbunden. Der Negativeffekt beruht darin, dass das entsprechende Thema auch fürderhin negativ abgespeichert und assoziiert bleibt. Chronische Lernstörungen ergeben sich in diesem Zusammenhang, wenn das in der Hypophyse produzierte Hormon ACTH [Adrenocorticotropes Hormon] unter- bzw. überproduziert wird. An der Gefühlsfärbung und dem Abspeichern sind funktionelle Einheiten des limbischen Systems beteiligt (vgl. Hüholdt 1993, S. 145-167 und 366; vgl. Vester 1997, S. 99, 128 und 135-140).

Dementsprechend kann in Anlehnung an die Abb. 1 auch hier eine ganzheitliche und grobe Darstellung der Vorgänge des biologischen Lernens und Verhaltens in Abhängigkeit von den persönlichen Entwicklungsbedingungen, der Umwelt und den biologischen Bedingungen [Erfahrung und Genetik] wiedergegeben werden:

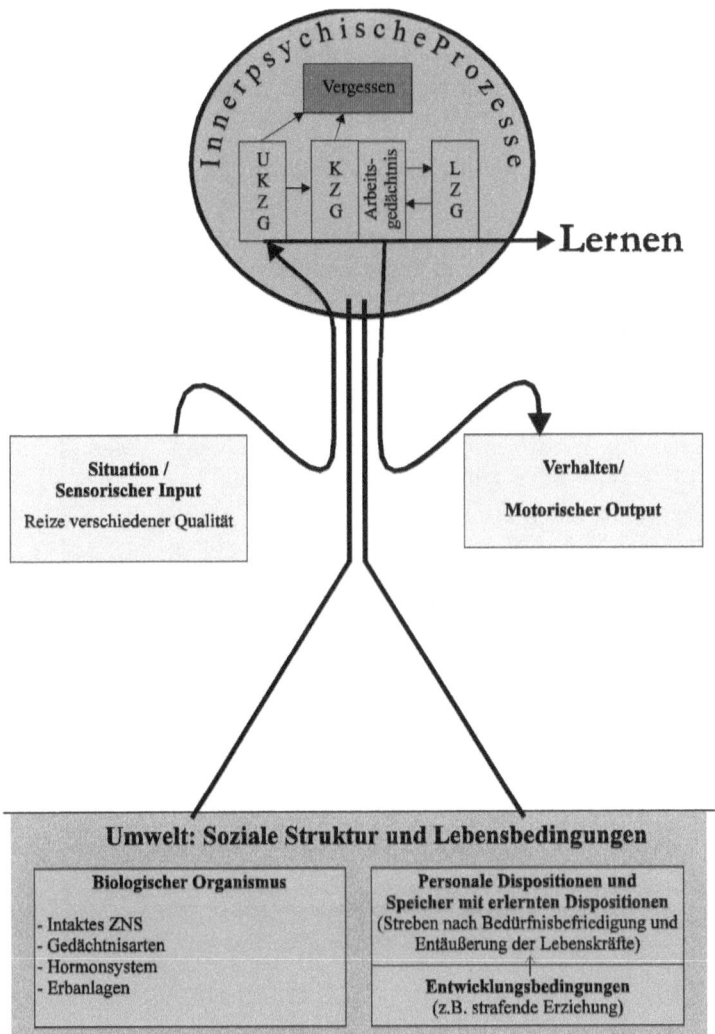

Abb. 14: Einfluss von Umwelt, Situation, Organismus und Entwicklungsbedingungen auf die biochemischen und biophysikalischen Prozesse des Lernens und Verhaltens. Diese Abbildung ist entstanden in Anlehnung an die bereits erwähnten Tafeln und in Anlehnung an: Ein Gedächtnismodell auf der Grundlage von Informationsaufnahme und -verarbeitung (Gage und Berliner 1996, S. 280)

Da in diesem Abschnitt bisher in ausführlicher Breite auf die Bedeutung von Wahrnehmung und spezifischer Sinne sowie auf die Aufmerksamkeit, die Emotion und die Motivation eingegangen wurde, ist es notwendig, die Verknüpfung zum Nervensystem herzustellen. Dieses System ist in Kombination mit funktionsfähigen Sinnesorganen und den vermittelnden Nervenbahnen einschließlich des Gehirns von ausschlaggebender Bedeutung für die Fähigkeit des menschlichen Organismus zu lernen. Wie bereits erwähnt, kommt es im Falle von Beeinträchtigungen von funktionellen Einheiten im Nervensystem zu Lernstörungen. Diese sind für den Betrachter aber zu unterscheiden von Lern- und Denkblokkaden, die einsetzen bei negativer Hormonlage, wie bereits oben im Falle von negativen Begleitinformationen geschildert wurde [da dies im regulären Fall nicht auf organische Schäden zurückzuführen ist].

Wie bereits aufgeführt, nehmen Autoren der Biologie betreffend der Lernformen die gleiche Unterscheidung vor. Der einzige Unterschied besteht in der Differenzierung zwischen einfachen Lernformen, nämlich der Habituation [meint Gewöhnung und wird definiert als eine Abschwächung der Verhaltensantwort bei wiederkehrender Reizung] und der Sensitivierung [hier nimmt die Reaktion zu, nachdem eine starke Reizung statt gefunden hat] (vgl. Shepherd 1993, S. 541-544; vgl. Thompson 1994, S. 386).

Somit kann die Lernformpyramide aus dem oberen Abschnitt um die einfachen Lernformen ergänzt werden:

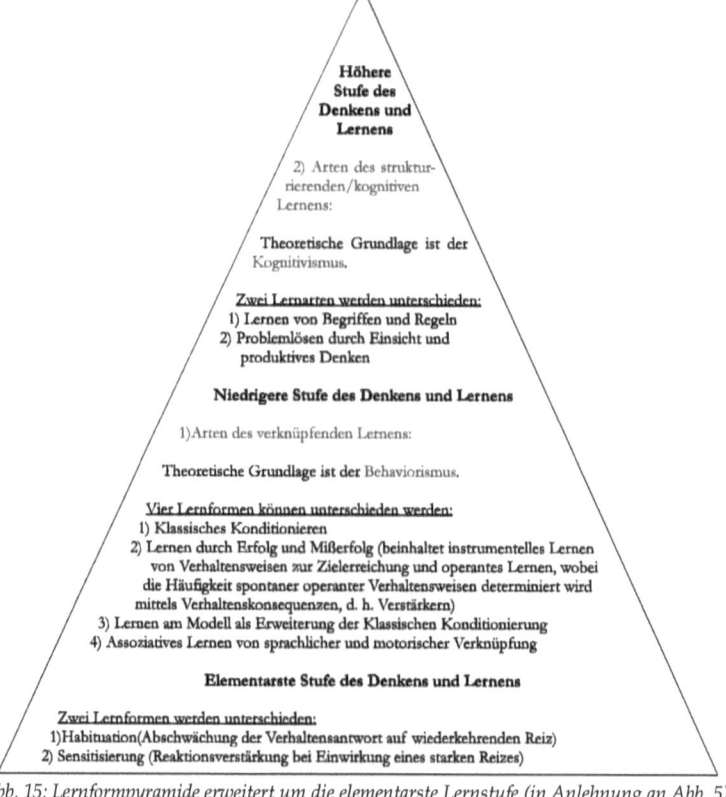

Abb. 15: Lernformpyramide erweitert um die elementarste Lernstufe (in Anlehnung an Abb. 5)

Zu Lernstörungen kommt es, wenn die organische Wahrnehmung von Reizen und deren Verarbeitung nicht ermöglicht ist aufgrund von Beeinträchtigungen in den Sinnesapparaten respektive den Übermittlungsmodi via Nervenbahnen respektive den verarbeitenden Zentren im menschlichen Gehirn. Beispielsweise sind Störungen bei der Übermittlung von Impulsen in der Hör- oder Sehbahn, Störungen des motorischen Systems, minimale cerebrale Dysfunktionen und verschiedenes mehr zu nennen, was medizinisch untersucht werden muss, und woran der Lehrende seinen Unterricht [Methodik; seine Art zu reden etc.] ausrichten muss bzw. wobei der betreffende Schüler einer speziellen Schulung bedarf. Anzumerken bleibt, dass solche organischen Lernbehinderungen auch das innerpsychische Befinden des Betroffenen tangieren. Da dies eine sehr umfangreiche Thematik ist, wird an dieser Stelle nicht weiter darauf eingegangen und auf weiterführende Literatur verwiesen (vgl. Gaddes 1991, S. 70-196; vgl. Kornhuber 1987, S. 9-18; vgl. Milz 1999, S. 31-174; vgl. Ortner 2000, S. 69-100).

Wie bereits erwähnt besitzt jeder Mensch ein individuelles Grundmuster an neuronalen Netzwerken mit individueller Resonanz der Sinnesempfindungen [verschiedene Betonung von Eingangskanälen], das sich unter Umwelt- und genetischen Bedingungen herausbildet. Für die Intelligenz und den Lernerfolg ist das individuelle Grundmuster für sich allein gesehen weniger bedeutend. Erst durch Kommunikation mit anderen Grundmustern kommt es zum tragen, d.h. erst in der sozialen Interaktion entsteht Intelligenz. Laut Vester basieren unterschiedliche Lerntypen auf dem Wechselspiel von Großhirnrinde mit dem Stammhirn und den psychischen Regelzentren. Der Lernerfolg erfordert neben eigenen kognitiven Leistungen auch die Resonanz zweier Grundmuster, da ein Mensch immer in Abhängigkeit von einem Partner lernt [z.B. Lehrer, Buch etc.] (vgl. Piaget 1992, S. 233; vgl. Vester 1997, S. 47-49).

Für Vester ist daher der kreative Prozess der Teamarbeit von ausschlaggebender Bedeutung.

Seiner Meinung nach existiert eine Vielzahl von Lerntypen mit unterschiedlich gut ausgeprägten Eingangskanälen, die es im Unterricht zu fordern und zu fördern gilt. Dabei ist zu erwähnen, dass die Informationsaufnahme von neuem Unterrichtsstoff nicht nur vom Lerntyp abhängig ist, sondern auch von den Begleitumständen, von der Neugier, den Interessen, der Motivation und auch von der Aufmerksamkeit. Die Aufmerksamkeit erweist sich als abhängig von den Assoziationen, in die der neue Stoff mit vorhandenen Gedankenverbindungen verknüpft wird.

Hüholdt dagegen nimmt eine detailliertere Unterscheidung von veranlagten Lerntypen vor:
- visuell
- auditiv
- audio-visuell
- haptisch (tastsinnorientiert)
- olfaktorisch (geruchssinnorientiert)
- abstrakt-verbal (Lernen durch den Begriff und seine Begriffserhebungen)
- kontakt- bzw. personenorientiert
- mediumorientiert
- einsicht- bzw. sinnanstrebend (vgl. Hüholdt 1993, S. 245-248).

> „Keiner dieser Typen besteht für sich allein. Vielmehr gibt es nur Mischtypen, die sich flexibel den jeweiligen Gegebenheiten anpassen können" (Hüholdt 1993, S. 245).

Bezüglich der Kritik und der Forderungen Vesters und Hüholdts an die Unterrichtspraxis wird an dieser Stelle auf die Kapitel 4 und 5 verwiesen. Kurz lässt sich sagen, dass sich beide Autoren für eine andere Unterrichtspraxis als die bisherige aussprechen und fordern, dass bei der Planung und Realisierung von Unterricht die Gesetze der Lernbiologie ihre Berücksichtigung finden.

3 Darlegung von drei Didaktik-Ansätzen

*„Die Richtung, die in der Erziehung eingeschlagen wurde,
ist die Richtung, in die das künftige Leben geht."*

(Platon, griechischer Philosoph)

3.1 Kurzer Abriss zur Entwicklungsgeschichte der Didaktik und Historie der Pädagogik

Zum besseren Verständnis der in den folgenden Abschnitten erörterten didaktischen Modelle ist es ratsam, die Einbettung der didaktischen Theorien und Modelle in ihrem geschichtlichen Zusammenhang kurz darzulegen und ihren Bezug zur Pädagogik zu verdeutlichen.

Der Begriff Pädagogik, auch Erziehungswissenschaft genannt, leitet sich etymologisch aus dem Griechischen ab und meint sowohl die praktische als auch die theoretische Lehre von der Erziehung bzw. die Erziehung selbst. Es handelt sich hierbei um eine handlungsorientierte Sozialwissenschaft mit enger Verbindung von Theorie und Praxis. Intention der Erziehung ist hierbei die Integration von jungen Menschen in die gesellschaftlichen Strukturen. Schon in der Antike bei Römern und Griechen spielte die Erziehung und die Bildung eine wesentliche Rolle. Im Mittelalter prägte der Klerus [Kloster- und Domschulen] die Erziehung und die Bildungsinhalte und legte seinen Fokus auf die Unterweisung in der christlichen Lehre. Erst mit Anbeginn der Aufklärung um 1700 änderte sich allmählich der Erziehungsstil und -geist (vgl. Das Neue Taschenlexikon 1992, Bd. 12, S.5/6).

Historisch betrachtet war der Fachbegriff Pädagogik lange Zeit verschwunden, bis er im 17. Jahrhundert in der didaktischen Reformbewegung wieder auftauchte [Befreiung der Wissenschaften vom metaphysischen Weltbild des Mittelalters]. Der Begriff Didaktik war ab diesem Zeitpunkt mit der Pädagogik verbunden und bildet heute ein Gebiet der Pädagogik. Hierzu trugen die Werke von Wolfgang Ratke [„Allunterweisung als erste umfassende didaktische Lehre] sowie die von Johann Amos Comenius [„Didacta magna" 1657] bei (vgl. Blankertz 1980, S. 14; vgl. Häselbarth 1992, S. 2).

Didaktische Lehren unterlagen im Wandel der Zeit vom 18. bis zum 20. Jahrhundert diversen Veränderungen. Diese waren geprägt von einem starren und von einem pädagogisch-philosophisch losgelösten Formalismus über heuristische Methoden [Aufklärung] bis hin zur Didaktik als Bildungslehre [Erneuerung der Herbart´schen Pädagogik im 20. Jahrhundert] (vgl. Häselbarth 1992, S. 2/3).

Dabei war die Pädagogik und damit die Erziehung und Bildung an den Schulen dem lang anhaltenden Einfluss der Konfessionen bis ins 20. Jahrhundert ausgesetzt. Für eine stärkere Eigenständigkeit der Erziehungswissenschaft sorgte die von Dilthey [1833-1911] initiierte Unterscheidung von Natur- und Geisteswissenschaften mit dem Resultat, dass auch die Erziehungswissenschaft ihre Minderwertigkeitsgefühle ablegte und historische sowie aktuelle Dokumente wissenschaftlich zu erkunden begann. Wissenschaftlich wurden auch jene Disziplinen, die sich nicht mit naturwissenschaftlichen Phänomenen und Gesetzen beschäftigten, sondern mit dem Menschen und seinen Lebensumständen sowie dessen existentiellen Sinn (vgl. Jank/Meyer 1991, S. 73-75).

Die Pädagogik, beeinflusst von der Philosophie, Psychologie und Soziologie, war nun eingebettet innerhalb der Geisteswissenschaften. Wissenschaftstheoretische Strömungen[3] bildeten sich aus, die als Grundlage verschiedener didaktischer Modelle dienen sollten: Geisteswissenschaftlich-hermeneutische Pädagogik [Hermeneutik im Sinne menschlichen Handelns i.V.m. gesellschaftlichen Bedingungsfaktoren und ihrer Wechselbeziehung], kritisch-dialektische Pädagogik [Aufklärung der Dialektik von individuellem Verhalten sowie gesellschaftlicher Bedingungsfaktoren], empirisch-analytische Erziehungswissenschaft [in Anlehnung an den Rationalismus soll Pädagogik streng empirisch arbeiten und Theorien methodologisch überprüfen] und die systemtheoretische Wissenschaft [systemtheoretisches Begreifen der Pädagogik] (vgl. Huisinga/Lisop 1999a, S. 134-139).

Didaktik als Spezialgebiet der Pädagogik wird heute unterteilt in Didaktik im weiteren Sinne, Didaktik im engeren Sinne i.V.m. Methodik, sowie in allgemeine Didaktik [tangiert die Schulrealität und ihre Unterrichtspraxis], Stufen-, Bereichs- und Fachdidaktik [allgemeindidaktische Modelle werden i.H.a. fachdidaktische Ziele geprüft].

Zabeck und Achtenhagen nehmen eine weitergehende Differenzierung i.H.a. die Stufen des didaktischen Denkens bzw. den Sprachebenen der Didaktik vor [Objektbereich, Bereich der Objektsprache und Metabereich] (vgl. Achtenhagen 1984, S. 17; vgl. Zabeck 1984, S. 53-61).

Der Begriff „Didaktik" kommt etymologisch ebenfalls aus dem Griechischen und meint

> „ursprünglich die >Kunst des Lehrens<. Der Begriff allgemeine Didaktik wird unterschiedlich verwendet: 1. als Unterrichtslehre, Wissenschaft vom Unterricht; 2. als Bildungslehre, , Theorie der

---

[3] Wissenschaftstheorie ist eine Teildisziplin der Philosophie und bewertet die Forschungspraxis und die Theoriebildung einzelner Disziplinen; vgl. Jank/Meyer 1991, S. 96]

Bildungsinhalte und des Lehrplans. Spezielle Didaktik [Fach-Didaktik] ist die Bildungstheorie der einzelnen Fächer" (Das Neue Taschenlexikon, Band 3 1992, S. 278).

Das eigentlich Problematische nach Meinung der Verfasserin ist die unterschiedliche Definition des Begriffs „Didaktik". Didaktik wird in der zugrunde liegenden Literatur in Abhängigkeit der didaktischen Theorie jeweils unterschiedlich definiert, wobei Methodik z.T. in der entsprechenden Didaktikauffassung berücksichtigt wird.

Auf die unterschiedlichen Sichtweisen wird in den betreffenden Abschnitten tiefer eingegangen. An dieser Stelle soll eine weit umfassende didaktische Definition wiedergegeben werden, die als Kompromiss dienen kann:

Didaktik beantwortet die Fragen nach:

- *was [Inhalt]*

- *wer [Beziehung zwischen Lehrender und Lernender]*

- *wann*

- *mit wem*

- *wo [alle Institutionen, die mit Bildung in irgendeiner Weise tangiert sind]*

- *wie [Vermittlung]*

- *wodurch [Medien]*

- *warum [Begründung]*

- *und wofür [Zielfrage] gelernt werden soll. In diesen Fragen wird die Methodik mitintegriert. Kurz formuliert meint Didaktik hierbei die Theorie und Praxis [griechisch für Handlung, tun] des Lehrens und Lernens (vgl. Jank/Meyer 1991, S. 16/17).*

Ein weiteres Problem, das sich innerhalb der Didaktik stellt [aber nicht das einzige ist], ist das Normproblem. Generell beinhalten alle Didaktikmodelle und Theorien Normen und Wertungen, die von den beteiligten Forschern mitgeprägt wurden (vgl. Jank/Meyer 1991, S. 73).

> „Im wissenschaftlichen Sinne ist unter normativer Didaktik indessen etwas anderes zu verstehen, nämlich ein System, das ausgeht von obersten vorpädagogischen Sinn-Normen über das menschliche Leben, über die Stellung des Menschen in der Welt oder über die Natur des Menschen, diese Normen dann auslegt auf Erziehungsziele, daraus alle Inhalte des Unterrichts ableitet, also den Lehrplan gewinnt und schließlich bis zu Methoden- und Erziehungsformen weiter differenziert, so dass eine in sich geschlossene Deduktionskette entsteht, die aussagt, wie die Wirklichkeit >Unterricht< sein sollte" (Blankertz 1980, S. 19).

Das Normproblem der Didaktik und letztlich der Erziehungswissenschaft, nämlich zu beantworten, welche Ziele, Normen und Werthaltungen die wichtigsten sein sollten und welche als verwerflich anzusehen sind, bleibt ungelöst. Die als einzig sinnvolle und übergeordnete pädagogische Norm bleibt die Verpflichtung zur Aufklärung und Mündigkeit des Menschen (vgl. Jank/Meyer 1991, S. 75-77).

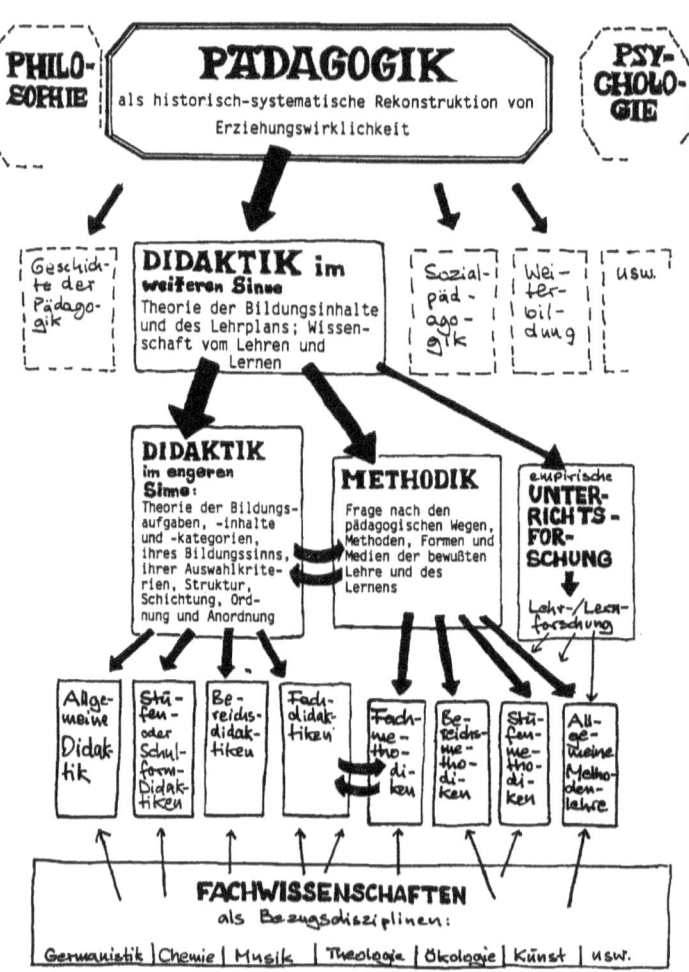

Abb. 16: Übersicht des Zusammenhangs von Pädagogik und Didaktiken (Jank/Meyer 1991, S. 160)

3.2 Bildungstheoretische Didaktik

Diese Didaktik richtet ihren Fokus in erster Linie auf die Bildungsinhalte.

Die bildungstheoretische Didaktik stützt sich auf die Grundlagen der geisteswissenschaftlichen-hermeneutischen Wissenschaftstheorie und deren Methoden. Historische Vertreter sind Wilhelm Dilthey und Herman Nohl. Zu den jüngeren Vertretern zählen Weniger, Kramp, Klafki, Blankertz und Wagenschein.

Jank/Meyer fassen die grundlegenden Aussagen dieser Theoretiker zu acht Maximen der geisteswissenschaftlichen Pädagogik zusammen:

1. Ausgangspunkt ist die Erziehungsrealität.
2. Die zugrunde liegende didaktische Definition erfolgt i.V.m. der Praxis.
3. Die Erziehungswirklichkeit ist historisch entstanden und muss daher historisch gesehen werden.
4. Die Erziehungswirklichkeit stellt sich als komplexer Prozess dar und kann nicht auf wenige Faktoren reduziert werden.
5. Die wissenschaftliche Forschungsmethode in der geisteswissenschaftlichen Pädagogik ist die historisch-hermeneutische Methode.
6. Die Didaktik hat sich den Maximen wissenschaftlicher Kritik zu unterwerfen.
7. Die Methodenfragen sind den Ziel- und Inhaltsfragen der Didaktik immer untergeordnet [„Primat der Didaktik i.e.S. im Verhältnis zur Methodik"].

Aus den jeweiligen Fachwissenschaften können fachdidaktische Entscheidungen nicht abgeleitet werden. Es sind sowohl pädagogische als auch gesellschaftliche Bedingungen bei der Unterrichtsplanung zu berücksichtigen (vgl. in verkürzter Version Blankertz 1980, S. 31;vgl. in obiger ausführlicher Variante Jank/Meyer 1991, S. 115-119).

Weniger untersuchte in seinem Werk „Theorie der Bildungsinhalte", welches von Klafki fortgeführt wurde [die Auswahl von Bildungsgütern erfolgt unter dem Aspekt von elementarer und kategorialer Bildung],den Bezug zwischen den Bildungsinhalten und dem Lehrplan mit dem Ziel, die Lebens- und Schulrealität zu erforschen zwecks der Entwicklung von Gesetzmäßigkeiten für einen bildungswirksamen Unterricht. Es handelte von der Begegnung des Menschen mit seinen Kulturgütern, die es unter erzieherischer Intention zu Bildungsgütern zu entwickeln galt. Diese Bildungsgüter bewirken auch heute in der Begegnung mit dem zu bildenden Menschen ihren Bildungsgehalt (vgl. Häselbarth 1992, S. 7).

3.2.1 Der Bildungsbegriff

Die bildungstheoretische Didaktik basiert auf Grundlage der Bildung sowie der Allgemeinbildung und liefert dementsprechende Unterrichtskonzepte. Zu den klassischen Bildungstheoretikern im 18. und 19. Jahrhundert können Pestalozzi, Humboldt, Schleiermacher und Herbart gezählt werden (vgl. Jank/Meyer 1991, S. 137).

Da in der didaktischen Theorie die Bildung ein zentrales Moment darstellt, werden an dieser Stelle die Aufgaben und Ziele von Bildung näher erörtert.

Gemäß Kants These ist Aufklärung „der Ausgang des Menschen aus seiner selbstverschuldeten Unmündigkeit. Unmündigkeit ist das Unvermögen, sich seines Verstandes ohne Leitung eines anderen zu bedienen" (Kant 1981, S. 452). Dementsprechend hat Bildung zum Ziel, v.a. zur vernünftigen Selbstbestimmung, Gleichberechtigung, Mündigkeit usw. anzuleiten und für alle zugänglich zu sein (vgl. Klafki 1994, S. 19).

Klassisch gesehen hat Bildung zwei Bedeutungen: Zum einen die Bildung, die erworben wurde als entfaltete Fähigkeit zur Selbstbestimmung und zum anderen als BildungsProzess, den Weg dahin. Bildung wird im Rahmen der historisch – gesellschaftlich – kulturellen Gegebenheiten mit ihren moralischen, kognitiven und ästhetischen Dimensionen erworben. Dies erfolgt durch die selbsttätige Auseinandersetzung mit der Welt. Bildung kann jeder nur für sich selbst erwerben, d.h jeder muss den Bildungsprozess selber durchlaufen, was ihm ein Leben in Freiheit ermöglicht, wenn er gelingt. Der Bildungsprozess erfolgt in der Gemeinschaft. Der individuelle Bildungsprozess bedarf auch der Auseinandersetzung mit anderen Menschen, letztendlich auch deshalb, weil die Freiheit des einen begrenzt wird durch die Freiheit des anderen (vgl. Klafki 1986, S. 455-465; vgl. Klafki 1994, S. 19-38).

Unterschieden wird zwischen einer materialen und einer formalen Bildungstheorie.

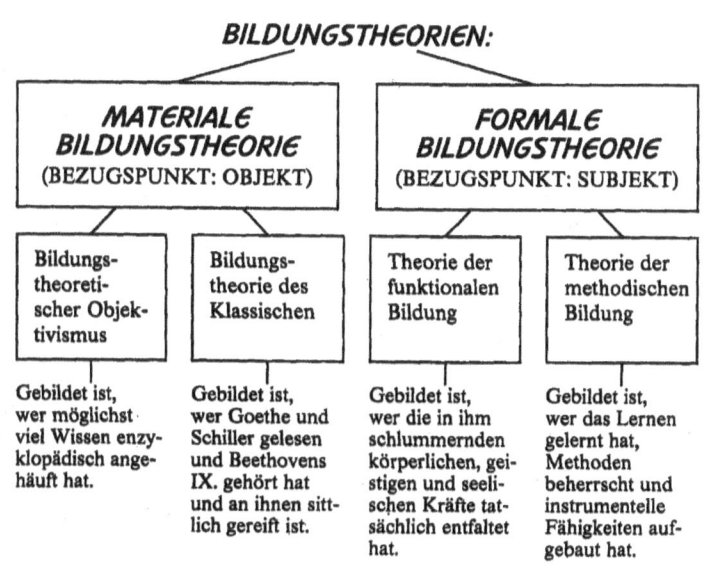

Abb. 17: *Materiale und Formale Bildungstheorien (Jank/Meyer 1991, S. 143)*

In der materialen Bildungstheorie wird in erster Linie nach der inhaltlichen Bedeutung gefragt, d.h. welches Wissenspensum es zu erwerben gilt [objektives Moment]. Die formale Bildungstheorie geht in erster Linie von dem zu bildenden Subjekt aus. Es gilt zu klären, wie die Entfaltung individueller Kräfte zu realisieren ist [subjektives Moment] (vgl. Blankertz 1980, S. 36-39).

Die Unterscheidung zwischen materialer und formaler Bildung ist insofern bedeutsam, als dass nicht nur von der Sache [Objekt] und den Schülern [Subjekt] aus gefragt werden kann, sondern zu berücksichtigen bleibt, dass die Ansprüche von Kultur und Gesellschaft sich in den Inhalten, Strukturen und Methoden niederschlagen (vgl. Jank/Meyer 1991, S. 79).

Bildung ist didaktisch ein vermittelndes Moment zwischen den Ansprüchen der objektiven Welt und dem Recht auf eigene Entfaltung auf Seiten des Subjekts. Klafki versucht diese Dialektik zu überwinden, indem er die materiale und die formale Bildung zur kategorialen Bildung vereint (vgl. Blankertz 1980, S. 45).

Bildung ist für Klafki das Erschlossensein einer dinglichen und gleichzeitig geistigen Realität, sowie das Erschlossensein eines Menschen für seine Realität (vgl. Häselbarth 1992, S. 7).

„Es kommt also zu einer doppelseitigen Erschließung. Einerseits zu allgemein kategorial erhellenden Inhalten auf der objektiven Seite und andererseits zu allgemeinen, Einsichten, Erlebnissen, Erfahrungen auf der subjektiven Seite. Es kommt zum Ausdruck, dass Bildung das Ergebnis oder der Vorgang eines Vermittlungsprozesses zwischen dem Zögling und der ihn umgebenden Kultur sei" (Häselbarth 1992, S. 7).

Die didaktische Differenz zwischen dem Wissenshorizont einzelwissenschaftlicher Sachfelder und ihrem Motivationsgehalt erklärt Blankertz anhand einer von Derbolav übernommenen Tabelle:

Sachgebiete	Wissenshorizont	Kategorialer Bildungssinn
Mathematik	operationales Regelwissen	ideale Ordnungsstruktur der Mathematik
Naturwissenschaften	abstrakte Gesetzesbeschreibung	Kosmoscharakter der Natur
Geschichte	Verstehen der Geschichte	politische Verantwortung
Sprachlehre	Sprachbeherrschung	Sprachgewissen
Rechtskunde	positives Recht	Gerechtigkeit
Sittenlehre	Konvention	Moralität
Gesundheitslehre	Körper	Leiblichkeit

Abb. 18: Übersicht über Wissenshorizonte unterschiedlicher Sachgebiete und dem dahinterliegenden kategorialen Bildungssinn (vgl. Blankertz 1980, S. 47 in Anlehnung an Derbolav 1960)

3.2.2 Die didaktische Analyse

Die Bildungstheoretiker sehen in der Didaktik die Theorie der Bildungsinhalte, ihrer Struktur, ihrer Auswahl und Rechtfertigung. Klafki gebraucht mittlerweile die Begriffe Unterrichtstheorie und Didaktik synonym und verwendet somit einen weiten Didaktik-Begriff, der sowohl die Curriculumtheorie als auch die Lehr-/Lerntheorie und die Methodik einschließt. Didaktik kann nicht unabhängig betrachtet werden von den Problemen der Schultheorie und einer historisch gewachsenen, gesellschaftlich reflektierten pädagogischen Zieltheorie (vgl. Klafki 1999, S. 13).

1962 unterschied Klafki zwischen Didaktik i.e.S. und Methodik, wobei die Methodik aus der Didaktik i.e.S. nicht ableitbar war und sprach von einem >Primat der Didaktik< i.e.S. im Verhältnis zur Methodik, was zur

Folge hatte, dass Theoretiker Methodik und Didaktik i.e.S. getrennt bearbeiten konnten (vgl. Jank/Meyer 1991, S. 155-161 in Anlehnung an Klafki, 1962, S. 5-32).

Klafki und Kramp stellen in dem Band „Didaktische Analyse" einen praxisnahen Leitfaden zur Unterrichtsvorbereitung dar (vgl. Jank/Meyer 1991, S. 132/133 in Anlehnung an Klafki 1962, S. 14-18), den Klafki später dann erweitert hat im Rahmen einer zur kritisch-konstruktiven ausgereiften bildungstheoretischen Didaktik. Auf diese Neufassung der didaktischen Analyse wird hierbei eingegangen (vgl. Klafki 1999, S. 15-31).

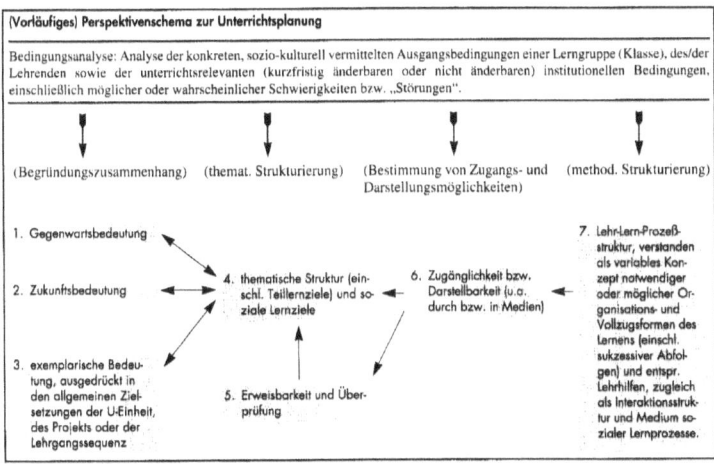

Abb. 19: Klafkis didaktische Analyse (Klafki 1999, S. 18)

Die erste Frage beschäftigt sich mit der Gegenwartsbedeutung. Es gilt zu klären, inwiefern der angebotene Inhalt eine gegenwärtige Bedeutung und einen Sinnzusammenhang in der Alltagswelt der Schüler beinhaltet. Die zweite Frage fokussiert die Zukunftsbedeutung, die eine Thematik im Leben der Schüler haben kann. Wichtig bei der Unterrichtsplanung ist in diesem Fall, dass auch der Lehrende sich bewusst macht, welche Bedeutung die Thematik für ihn hat. Langfristige Lernfortschritte und Motivation sind nur dann gegeben, wenn die Differenz zwischen einer Ausgangsposition und dem erstrebten Lernziel realistisch gehalten wird.

Die dritte Frage beschäftigt sich mit der exemplarischen Bedeutung, die einen Inhalt erschließen kann. Für den Lehrer gilt es zu klären, anhand welcher Inhalte bestimmte Lernziele angestrebt werden können und welches Thema geeignet scheint, eine aufschließende Kraft bzgl. allgemeineren Zusammenhängen, Strukturen, Gesetzmäßigkeiten, Paradoxien und Handlungsmöglichkeiten zu besitzen. In dieser Frage diskutiert Klafki die vier Lernzielebenen. Innerhalb der ersten Ebene wird das Lernziel formuliert, Schüler zur Selbstbestimmungs-, Solidaritäts- und

Mitbestimmungsfähigkeit sowie zur Mündigkeit zu erziehen. Innerhalb der zweiten Ebene werden v.a. Ziele verfolgt, die sich mit der Erziehung zum kritik-, urteils-, meinungs- und kommunikationsfähigen Menschen beschäftigen. Die dritte Lernzielebene beschäftigt sich mit den aufgeführten Fähigkeiten, die dem Schüler die Möglichkeit geben sollen, diese auf die Probleme in verschiedenen Bereichen [z.B. naturwissenschaftlichen Fächern] anwenden zu können. Die vierte Ebene schließlich befasst sich mit der Lernzielbestimmung in unterschiedlichen Fächern.

Die vierte Frage richtet sich auf die thematische Struktur. Für den Lehrer gilt es zu klären, unter welchen Perspektiven ein Thema zu bearbeiten ist, welche methodische Struktur das Thema inne hat, welche Strukturfaktoren das Thema konstituieren und in welcher Beziehung diese Momente zueinander zu sehen sind, ob das gewählte Thema eine Oberflächen- oder Tiefenstruktur hat, in welchem größeren Zusammenhang das Thema steht und welches die notwendigen begrifflichen Voraussetzungen für die Auseinandersetzung mit dem Thema sind.

Die fünfte Frage bezieht sich auf die Überprüfbarkeit eines erfolgreich durchgeführten Aneignungsprozesses. Diese Frage richtet sich auch an die Schüler, die ihren eigenen Lernprozess unter Berücksichtigung ihrer Mitbestimmung an den Lernzielen beurteilen sollen. Klafki sagt hierbei deutlich, dass die Forderungen nach operationalisierten Lernzielen nichts mit den bevavioristisch-lernpsychologischen Vorstellungen gemein haben. Damit Schüler die o.g. Kompetenzen erwerben können und z.B. die Ambivalenz technischer Errungenschaften kritisch beurteilen können, bedarf es mehr als Multiple-Choice-Testverfahren.

Die sechste Fragen beschäftigt sich mit dem Darstellungsproblem einer Thematik bzw. der Zusammenhänge einzelner Momente. Zugänge dazu können mittels diverser Medien [Spiele, Filme, Erkundungen usw.] gelegt werden. Eingeschlossen in diese Frage sind auch die institutionellen Rahmenbedingungen.

Die siebente Frage ergibt sich aus den vorangegangenen Fragen und richtet ihr Augenmerk darauf, wie die zuvor ermittelnden Faktoren in eine schrittweise Abfolge eines Lehr- und Lernprozesses transferiert werden können und in welchen Interaktionsformen sich der Prozess vollziehen soll.

3.2.3 Exemplarisches Lehren und Lernen

Die ausgesuchten Bildungsinhalte müssen dem Anspruch des Exemplarischen, Elementaren und Fundamentalen genügen. Das Exemplarische, in der Literatur auch als exemplarisches Prinzip bekannt, steht für die Qualität des gelernten Stoffes. Im Fall des Elementaren handelt es sich um dahinter liegende allgemeine Prinzipien und im Fall des Fundamentalen geht es um Erfahrungen, welche die Aneignung grundlegender Einsichten ermöglichen (vgl. Jank/Meyer 1991, S. 146).

Nach Meinung der bildungstheoretischen Didaktikern sind die Inhalte wesentlich, „wenn sie elementar im Hinblick auf die Sache [im Besonderen ein Allgemeines zeigen] und wenn sie fundamental im Hinblick auf die Schüler sind [Grunderfahrungen und grundlegende Einsichten vermitteln]" (Jank/Meyer 1991, S. 146). Das Exemplarische hat dabei die Aufgabe, das Elementare und Fundamentale anhand fruchtbarer Beispiele aufzuzeigen und den Schülern zu erschließen (vgl. Jank/Meyer 1991, S. 146).

Klafki fordert beim exemplarischen Lernen, dass sich dieses als selbständiges, genetisches und rekonstruierendes Lernen vollzieht. Anhand eines ausgesuchten Themas sollen Zusammenhänge, Gesetze usw. dem Schüler erschlossen werden, die fächerübergreifende Wirkungen, sogenannte Synergieeffekte, aufweisen. Am Themenkomplex >Mensch und Technik< kann anhand des Beispiels des Walfangs aus dem 19. Jahrhundert Wissen aus den Bereichen Biologie, Geografie, Technologie und Soziologie angewandt werden. Die Form des entdeckenden Lernens im exemplarischen Unterricht mit einzelnen Abenteuerelementen wirkt auf Schüler zunehmend motivierend, da es nicht nur verschiedene Sinne und Lerntypen anspricht, sondern dem Lernenden v.a. die Möglichkeit zum ganzheitlichen Sehen und Verstehen von Zusammenhängen offeriert. Dadurch wird den Schülern ihr selbstverständlicher Umgang mit Technik im Alltagsleben inklusive der damit verbundenen Konsequenzen bewusst. Diese Aneignung vollzieht sich im aktiven Realitätskontakt mittels erforschen, experimentieren etc. und mittels Medien wie Bildern, Berichten, Skizzen usw. Das im exemplarischen Unterricht erworbene Wissen bedarf der Übung und Anwendung und v.a. kategorialer Verstehensvoraussetzungen, die ein orientierendes Lernen ermöglichen (vgl. Klafki 1994, S. 143-157).

Wagenschein spricht sich ebenfalls für exemplarisches Lehren und Lernen aus. Seiner Meinung nach ist es von wesentlicher Bedeutung, die Stoff-Fülle mittels eines sinnvollen Curriculums einzugrenzen, da es wenig Sinn machen würde, viel Stoff einzupauken, welcher im Kopf beziehungslos vorhanden ist und im rasanten Tempo behandelt wird. Diese Methoden erzeugen Unverständnis und Unlust auf Seiten des Schülers. Vielmehr geht es darum, Neugier, Motivation, Aufmerksamkeit und Emotionen an einem Thema zu wecken. Dies verlangt keinen 45-Minuten-Unterricht, sondern offene zeitliche Rahmenbedingungen, um neue Sachverhalte in Ruhe und v.a. auch tiefergehend zu verstehen. Will ein Schüler etwas begreifen, dann muss er zuvor von der Sache ergriffen worden sein. Exemplarisches Lehren und Lernen will den Schüler bilden und stellt hohe Ansprüche. Von einem Ausgangspunkt soll der Zugang zum Ganzen in der Weise erschlossen werden, dass die Beziehung der Teile zueinander und zum Ganzen klar wird. Diese Form des Unterrichts verlangt nach Gründlichkeit, Spontaneität, Selbsttätigkeit und v.a. nach kleineren Klassenstärken mit offenen Unterrichtszeiten. Zu dieser Form zählt sowohl das genetische Verfahren, indem Schüler als >Wiederentdecker< z.B. Gesetze der Physik eigenständig rekonstruieren und ihnen der Bezug von der Naturwissenschaft zur Geisteswissenschaft durch den geschichtlichen Zusammenhang erhellt wird als auch das sokratische Verfahren des Lehrgesprächs. Diese Unterrichtsverfahren sind im Endeffekt zeitsparend, insofern die Schüler, wenn sie eine Thematik in die Tiefe verstanden und ihre aufschließende Kraft entdeckt haben, vieles davon auf weitere Fächer anwenden können mit dem Resultat, dass sie schneller Zusammenhänge begreifen [Synergieeffekte]. So hat nach Meinung Wagenscheins exemplarisches Lehren und Lernen einen hohen Wirkungsgrad. Auch von Fehlern zu lernen sieht er als sinnvoll an, ebenso ist es nicht immer sinnvoll, vom Einfachen zum Schwierigen voran zu schreiten. Meist erweist es sich als geeignet, etwas Erstaunliches, Kompliziertes den Schülern zu offerieren, damit sie im Verlaufe ihres produktiven Denkens darin das Gewohnte, Verständliche entdecken können (vgl. Wagenschein 1964, S. 3-26; vgl. Wagenschein 1965, S. 6-30 und Wagenschein 1970, S. 7-98 sowie S. 175-179).

Wie sich die Weiterentwicklung der bildungstheoretischen Didaktik zur kritisch-konstruktiven Didaktik generell gestaltet hatte [Versuch, die Kritik der Frankfurter Schule konstruktiv zu integrieren und sich den historisch-hermeneutischen, den empirischen einschließlich den gesellschaftskritischen-ideologiekritischen, methodischen Ansätzen zu verpflichten], wird an dieser Stelle nicht weiter betrachtet. Auf die entsprechende Literatur wird verwiesen [moderne bildungstheoretische Ansätze zielen auf die Überwindung der geisteswissenschaftlichen Orientierung] (vgl. u.a. Jank/Meyer 1991, S: 166-179; vgl. Klafki 1994, S. 38-110).

3.2.4 Kritik

Klafkis Kritik an dieser Didaktik richtet sich an die Grenzen des Unterrichtsplanungskonzeptes und an die praktischen Verwendungsmöglichkeiten. Seiner Meinung nach handelt es sich bei dieser Vorlage nicht um ein normatives Kriteriensystem. Dieses Konzept offeriert auch keine didaktischen Entscheidungen und Begründungen; diese müssen vom betreffenden Lehrer in der jeweiligen praktischen Situation getroffen werden. Bei diesem Entwurf handelt es sich um ein allgemeindidaktisches Konzept, welches außerstande ist, bereichs- und fachdidaktische Fragen zu umgehen. Klafki vertritt die Auffassung, dass heutige Unterrichtsplanungen immer differenziertere Anforderungen stellen, die besser durch eine planende Lehrergruppe zu bewältigen sind. Dementsprechend sollen Lehrer während ihrer Ausbildung auf die Aufgabe gemeinsamen Planens vorbereitet werden. Für die didaktische Planung ist es wesentlich, die thematisch bestimmte Unterrichtseinheit als Grundeinheit zu betrachten, um die Planung in Unterrichtsstunden einzubetten. Der hier dargelegte Entwurf ist immer als offener Entwurf zu verstehen, der dem Lehrenden zur Anregung, Unterstützung und Bewertung von Lernprozessen und zum flexiblen Unterrichtshandeln dienen soll. Auch wenn das Planungsraster versucht, alle wichtigen Unterrichtsdimensionen und Beziehungen abzubilden, so soll der Lehrende nicht aufgefordert sein, all seine Antworten auf die Fragen des Rasters bei jeder Unterrichtsplanung ausdrücklich zu formulieren (vgl. Klafki 1999, S. 31-33).

Felix von Cube äußert positive Kritik bzgl. der didaktischen Analyse. Seiner Meinung nach kann die Forderung der didaktischen Analyse, Inhalte in einem Gesamtzusammenhang darzustellen, eine sinnvolle Wirkung für das Verstehen der Schüler haben und sofern sie Erkenntnisse bei den Schülern fördert, auch als gute Strategie zur effektiveren Wissensvermittlung angesehen werden (vgl. von Cube 1999, S. 72).

3.3 Lehr-/Lerntheoretische Didaktik

Gegenstand dieser Richtung ist didaktisches Handeln in Analyse, Umsetzung und Kontrolle des Unterrichts.

Diese Richtung in der Didaktik entstand in den 60er Jahren als Antwort auf die Entfaltung neuer Wissenschaften wie die Kybernetik, die Informationspsychologie und die lerntheoretische Forschung sowie auf die Entwicklung des technischen Fortschritts, der sich auf alle gesellschaftlichen und kulturellen Bereiche auswirkte. Die geänderten Lebensumstände verlangten auch in der Pädagogik und Didaktik nach neuen Konzepten und Ideen zur Unterrichtsgestaltung (vgl. Heimann 1965, S. 7).

Die lehr-/lerntheoretische Didaktik orientiert sich an den wissenschaftstheoretischen Grundlagen der empirisch-positivistischen Methoden und an der Ideologiekritik, da Sinn-Normen hierbei als ideologieabhängig gesehen werden. Es kann gesagt werden, dass diese Didaktik vielmehr die Methodologie der empirischen Sozialforschung sowie die Ergebnisse der Sozialwissenschaften generell berücksichtigt, anstatt sich auf die Lernpsychologie zu versteifen (vgl. Blankertz 1980, S. 91 und 107-109).

Lt. Jank/Meyer entstand die lehr-/lerntheoretische Didaktik aus der Kritik an der bildungstheoretischen Didaktik (vgl. Jank/Meyer 1991, S. 181).

Zu den Vertretern zählen Heimann, Schulz und Otto, die zusammen mit einer Gruppe von Erziehungswissenschaftlern, Schulpädagogen und

Fachdidaktikern im Berliner Arbeitskreis Didaktik [daher auch der Name >Berliner Modell< anstatt lehr-/lerntheorerische Didaktik!] eine neue Theorie der Didaktik entwickelten mit dem Ziel, das Auseinanderklaffen zwischen Fach- und Allgemeindidaktik zu überwinden (vgl. Heimann 1965, S. 9).

Didaktik wird in diesem Kontext bestimmt als die Theorie des Unterrichts mit allen ihn bedingenden Faktoren. Dabei richtet sich das Augenmerk weniger auf die bildungstheoretische Didaktikauffassung denn auf die lerntheoretische Auffassung von Unterricht. Unterricht ist der Ort, an dem es die ungelösten Fragen des didaktischen Gesamtgefüges zu lösen und alle damit im Zusammenhang gesehene zusammenwirkende Faktoren bei der theoretischen Planung und Reflexion zu berücksichtigen gilt (vgl. Heimann 1965, S. 9).

3.3.1 Strukturelle Unterrichtsfelder

Nach dem Verständnis der lehr-/lerntheoretischen Didaktik geht es um wissenschaftliche Kontrolle aller im Unterricht auftretenden Erscheinungen und Bedingungen. Dabei werden verschiedene Untersuchungen durchgeführt und Einzelfaktoren miteinander verknüpft: Personelle und materielle Voraussetzungen, Voraussetzungen schulischen Geschehens, Ziele von Lehrern, Schülern und Eltern in bezug auf Statusunsicherheiten, Rollenkonflikte, Zielvorstellungen in Schulgesetzen und Lehrplänen, Lehrtendenzen in Schulbüchern, didaktische Entwicklungen bzgl. Schulordnungen, Unterrichtskonzepten, Probleme der Unterrichtssteuerung, Kontrollen der Effektivität der didaktischen Maßnahmen sowie die Beziehung dieser einzelnen Faktoren zueinander (vgl. Blankertz 1980, S. 91; vgl. Häselbarth 1992, S. 8).

Die hier genannten Punkte bilden das Gesamtgefüge, sozusagen den Gesamtrahmen, der im Beobachtungsmittelpunkt steht. Darauf aufbauend wird der Unterricht analysiert, strukturiert und geplant. Aus primärer Sicht gibt es innerhalb des Interaktionsradius >Unterricht<, der in erster Instanz die Lehrenden in Interaktion zu den Lernenden beinhaltet, bestimmte Entscheidungen von Seiten des Lehrenden zu treffen unter Berücksichtigung von Bedingungsvoraussetzungen, welche die Schüler mitbringen.

> „Keine Unterrichtsstunde kann gehalten werden, ohne dass der Lehrer bzw. die Lehrerin sich Klarheit darüber verschafft, welche Intentionen bzw. Ziele er/sie verfolgen will, was das Thema bzw. der Inhalt der Stunde sein soll, welche Methoden und welche Medien dazu herangezogen werden sollen. Hier muss sich der Lehrer entscheiden, was er will; deshalb der Name >Entscheidungsfeld< für die ersten vier Begriffe. Des weiteren muss sich der Lehrer Klarheit darüber verschaffen, von welchen

Voraussetzungen er bei seinen SchülerInnen ausgehen kann. Diese Voraussetzungen nennen die Autoren >Bedingungsfelder< und unterscheiden sie nach dem Grad ihrer Veränderbarkeit" (Jank/Meyer 1991, S. 184).

Zu den Entscheidungsfeldern werden vier Bereiche aufgeführt: Intentionalität, Thematik, Methodik und Medienwahl. Zu den Bedingungsfeldern gehören: anthropogene [im Menschen selbst liegende] und sozialkulturelle [den Menschen prägende Umweltfaktoren] Voraussetzungen. Man spricht hierbei auch von der Strukturanalyse des Unterrichts (vgl. Blankertz 1980, S. 101-106; vgl. Häselbarth 1992, S. 8; vgl. Heimann 1965, S. 10; vgl. Jank/Meyer 1991, S. 183).

Strukturelle Unterrichtsbedingungen

Abb. 20: Strukturelle Unterrichtsbedingungen (in Anlehnung an Jank/Meyer 1991, S. 41 und S. 199)

In diesem Kontext sollen die einzelnen Felder näher erläutert werden, dabei erfolgt die Anlehnung an Schulz (vgl. Schulz 1965, S. 25-43).

Zur *Intentionalität*: Die Aufgabe des Lehrenden richtet sich allgemein formuliert darauf, die Lernverfahren bzgl. der kognitiven-aktiven [auf das Denken bezogene], affektiven-pathetischen [auf das Fühlen bezogene] und pragmatischen-dynamischen [auf das Handeln gerichtete] Ebene anzuregen und zu steuern.

Absichten i.H.a. die Wissensdimension haben zum Ziel, instinktive oder erlernte Verhaltensweisen neu zu formen. die kognitive Ebene tangiert sowohl quantitative als auch qualitative Zusammenhänge: Die Absicht des Lehrenden, den Lernenden das Erfassen von Erkenntniszusammenhänge näher zu bringen, entspricht der qualitativen Dimension, dagegen entspricht die bloße Kenntnisnahme von Sachverhalten der quantitativen Dimension. Beispielsweise kann der Lehrende im Gemeinschaftskundeunterricht den 23. Mai 1949 verkünden als Tag des Inkrafttretens des Grundgesetzes in der Bundesrepublik Deutschland, wenn er/sie beabsichtigt, dass die Schüler diesen zur Kenntnis nehmen sollen. Dann wird damit niedrigste Stufe angesprochen, nämlich die kognitiv-aktive Dimension. Intendiert der Lehrende dagegen, dass die Schüler nicht nur Kenntnis erlangen, sondern auch die historischen Umstände, Ursachen und Konsequenzen verstehen und nicht nur lediglich aufzählen können, d.h. dass die Schüler befähigt werden, zusammenhängende Tatsachen zu begreifen und die zugrundeliegenden historischen Strukturen zu erkennen, dann ist davon die zweite Stufe der kognitiv-aktiven Dimension erklommen, nämlich die Erkenntnis. Wenn die Schüler aus eigenem Antrieb darüber hinausgehend selbständiges Interesse an dem geschichtlichen Stoff entwickeln und sich außerhalb der Schule damit beschäftigen, dann betrifft dies die dritte Stufe der kognitiv-aktiven Dimension, nämlich die Überzeugung (vgl. Jank/Meyer 1991, S. 207).

> „Innerhalb jeder Dimension entsteht also im Fortschritt von der untersten zu höheren Stufen eine Bereicherung und Vertiefung der Kenntnisse, Umgangs- und Handlungsmöglichkeiten der Schüler mit dem jeweiligen Inhalt bzw. Gegenstand - deshalb >dimensionale Bereicherung<" (Jank/Meyer 1991, S. 207).

Bezüglich der emotionalen Dimension richtet sich die Intention darauf, dass der Schüler sich mittels Gegenständen in bestimmte Gefühlszustände versetzen kann. Dagegen tangieren Intentionen der pragmatischen Dimension das äußere Handeln in Interaktionen mit der Umwelt [Subjekten und Objekten], d.h. der Lehrende muss sich immer klar machen, welche Dimensionen er/sie bei seinen Schülern anstrebt und welche Stufe [Anbahnung, Entfaltung, Gestaltung] er/sie erreichen möchte. Denn diese Überlegung beeinflusst letztlich die Themengestaltung sowie die Methoden- und Medienwahl.

Zur *Thematik*: Erst das Zusammenwirken von Absicht und Thema ergeben das Unterrichtsziel. Der Unterrichtsinhalt, der Gegenstand oder das Thema mit den beabsichtigten gefühlsmäßigen, kognitiven und pragmatischen Lernprozessen stellt einen eigenständigen Unterrichtsmoment dar, dessen strukturelle Besonderheit es zu beachten gilt, damit der Inhalt von Seiten der Schüler nicht als fremd empfunden wird. Unterschieden wird bzgl. der Thematik hinsichtlich der Grundformen, d.h. Wissenschaften, Techniken und Pragmata, auf die der Schwerpunkt in der Unterrichtseinheit liegen soll.

Beispielsweise kann der Deutschunterricht herangezogen werden. Die Grundform Wissenschaft berührt die Literaturgeschichte als solche.

Die Grundform Techniken beschäftigt sich mit der Syntax, d.h. mit der grammatikalischen Schulung und letztendlich tangiert die Grundform Pragmata die Konzeption eines Aufsatzes oder eines Gedichtes z.B. (vgl. Jank/Meyer, 1991, S. 208 in Anlehnung an Heimann, 1976, S. 157).

Qualitätsstufe	Dimension		
	kognitive	pragmatische	emotionale
Anbahnung	Kenntnis	Fähigkeit	Anmutung
Entfaltung	Erkenntnis	Fertigkeit	Erlebnis
Gestaltung	Überzeugung	Gewohnheit	Gesinnung

Abb. 21: Ordnungsbegriffe (Schulz 1965, S. 27)

Zur *Methodik*: Gemeint sind methodische Entwürfe, die als Verfahrensweisen die einzelnen Unterrichtsschritte bestimmen. Unterschieden wird hierbei zwischen ganzheitlichen Verfahren, die als ein analytisches Verfahren von einem Gesamteindruck ausgehen und den elementenhaften, synthetischen Verfahren, die aus Wissensbausteinen sozusagen Wissenszusammenhänge aufbauen sowie den Projekten, die sich auf die Schülerinitiative fixieren. Desweitern gibt es die direkte Methode [im Fremdsprachenunterricht für neuere Sprachen angewendet], die als fachgruppen-spezifisches Verfahren eingestuft wird.

Artikulationsschemata strukturieren den Unterrichtsablauf in Abhängigkeit der angenommenen Schülerlernphasen und der angebotenen Lernhilfen seitens des Lehrers oder der Mitschüler. In Anlehnung an Roth führt Schulz verschiedene Stufen an, die bei der Analyse und Planung im Unterricht zu berücksichtigen sind: Die erste Stufe ist diejenige der Motivation, wobei die Motivation sich auf alle folgenden Stufen auswirkt, auch wenn dies nicht explizit genannt wird. Die zweite Stufe ist die Stufe der Schwierigkeiten. Als nächstes folgen die Stufen der Lösung, des Tuns und des Ausführens, des Behaltens und des Einübens und schließlich die Stufen des Bereitstellens, der Übertragung sowie der Integration.

Die Sozialformen tangieren die Relation zwischen dem Lernen von etwas und dem Lernen mit anderen [z.B. Frontalunterricht, Gruppenarbeit].

Die Aktionsformen beinhalten die Agitation des Lehrers. Entweder wendet er/sie sich mittels direkter Aktionsform [Vortrag, Frage, Unterrichtsgespräch etc.] oder mittels indirekter an die Schüler [Gruppenarbeit, Experimente etc.].

Bei den Urteilsformen handelt es sich um das wertende Verhältnis zwischen Schüler und Lehrer.

Zur *Medienwahl*: Gemeint sind alle Mittel im Unterricht, deren sich Lehrer und Schüler bedienen, um sich über Absichten, Thematiken und Methoden des Unterrichts zu verständigen.

Im Hinblick auf Methoden können Medien als Lehr- und Lernmittel betrachtet werden.

Anthropogene Voraussetzungen: Gemeint sind hier Voraussetzungen, die in der Natur des Menschen liegen, d.h. alle Anlagen, Erfahrungen, Einstellungen, die den Menschen im Laufe seines Lebens maßgeblich beeinflusst haben. Hierbei gilt es zu bedenken, dass dies für beide Seiten im Endeffekt zutrifft, nämlich sowohl für die Lehrenden als auch für die Lernenden. Dies muss ein Lehrer i.H.a. die Unterrichtsanalyse und -planung mit berücksichtigen.

Sozial-kulturelle Voraussetzungen: In einer Klasse befinden sich meist unterschiedliche Schüler bzgl. ihrer Konfession, ihrem Geschlecht und ihrer sozialen Herkunft [Milieu].

Bei der Unterrichtsplanung wird der Lehrer den umgekehrten Weg nehmen, während er/sie bei der Analyse ausgehend von didaktischen Entscheidungsmomenten, die eben beschrieben wurden, zu den Annahmen über gesellschaftliche Bedingungen i.V.m. dem Menschen vordrang.

In ähnlicher Weise und z.T. verkürzt finden sich obige Erklärungen zu den sechs Feldern der Strukturanalyse bei Blankertz (1980, S. 101-106) und bei Jank/Meyer (1991, S. 205-212) wieder.

In dem Unterrichtskonzept von Schulz/Heimann/Otto sollen drei konstituierende Prinzipien enthalten sein, nämlich das Prinzip der Interdependenz, das den Wechselwirkungszusammenhang von Ziel-, Inhalts-, Methoden- und Medienentscheidungen sowie anthropogenen und sozial-kulturellen Bedingungen auf allen Ebenen der Analyse und Planung beschreibt [unter der Voraussetzung der Gleichgewichtigkeit aller Faktoren!], das Prinzip der Variabilität, welches in der Planung mehrere Verlaufsmöglichkeiten aufgrund unvorhersehbarer Schülerreaktionen vorsieht und das Prinzip der Kontrollierbarkeit, nach welchem die Planung so zu gestalten ist, dass das Maß seiner Erfüllung überprüft werden kann (vgl. Heimann 1965, S. 11).

Heimann führt für seine Strukturanalyse sechs Grundfragen auf, über die sich der Lehrende vorher klar werden muss (vgl. Heimann 1976, S. 105/106):

a) Welche Intention begleitet mein Handeln?
b) Wie wirkt sich das auf den Wissens- und Erfahrungshorizont der Schüler aus?
c) Wie gehe ich dabei vor?
d) Mit welchen Mitteln gehe ich dabei vor?
e) An wen wird etwas dabei vermittelt oder mitgeteilt?
f) Wobei vermittle ich das, d.h. in welcher Situation?

Diese sechs Fragen gestalten sich in ähnlicher Weise wie die sieben Fragen der didaktischen Analyse der bildungstheoretischen Richtung (vgl. Klafki 1999, S. 17-31).

Anzumerken bleibt, dass diese Richtung im Laufe ihrer Weiterentwicklung eine stärkere Annäherung an die bildungstheoretische Didaktik erfahren hat.

Zur oben ausführlich dargestellten Strukturanalyse zählt ebenfalls die Faktoranalyse, sozusagen die Bedingungsprüfung. Die Strukturanalyse beschreibt Entscheidungsmomente, die Lehrende in bezug auf die Felder treffen müssen, ohne dass Entscheidungen schon vorhanden sind. Daher ist die Strukturanalyse wertfrei zu bezeichnen. Anders sieht es i.H.a. die Faktoranalyse aus. Die Faktoranalyse beschreibt eben Faktoren, die auf die Entscheidungsfindung Einfluss nehmen und die jeweiligen Felder gewichten und bewerten. Daher ist die Faktoranalyse nicht als wertfrei, vielmehr als hermeneutisch und ideologiekritisch zu bezeichnen. Da die Bedingungsfelder auf die Entscheidungsfelder Einfluss üben, haben sie eine zweifache Geltung: Zum einen in bezug auf die Annahmen, die Lehrende und die Schulorganisation treffen und zum anderen durch die Wirkungsweise der Fakten selbst. Unterricht vollzieht sich im Rahmen einer gewachsenen Erziehungswirklichkeit, die unter bestimmten geschichtlichen Bedingungen bereits normen- und faktengebend war. Im Rahmen der Bedingungsprüfung müssen drei Bereiche berücksichtigt werden: Die Normenkritik, die Faktenbeurteilung und die Formenanalyse (vgl. Häselbarth 1992, S. 8; vgl. Jank/ Meyer 1991, S. 198).

So kann gefolgert werden, dass der lehrenden Person die etwas kompliziertere Aufgabe zuteil kommt, eine wertfreie und ideologiekritische Unterrichtsanalyse durchzuführen, obwohl er/sie von seiner Geschichtlichkeit und Lebenserfahrung geprägt ist und dementsprechend auch nicht in der Lage sein kann, die Unterrichtsbedingungen wertfrei zu analysieren.

Nach Heimanns Tod wurde das >Berliner Modell< zum >Hamburger Modell< weiterentwickelt [in Annäherung an die bildungstheoretische Didaktik]. An dieser Stelle soll kurz erwähnt werden, dass dieses Modell seinen Blickpunkt u.a. auf die vier Planungsebenen legt [Perspektiv-, Umriss- und Prozessplanung sowie Planungskorrektur], auf die primäre Intentionen [Kompetenz, Autonomie, Solidarität zu fördern] und darauf zielt, alle am Unterrichtsprozess Beteiligten bei der Unterrichtsplanung mit zu berücksichtigen (vgl. Jank/Meyer 1991, S. 217-231; vgl. Schulz 1999, S. 35-54).

3.3.2 Kritische Anmerkungen

Schließlich sei an dieser Stelle auf Kritik hinzuweisen, die an der lehr-/lerntheoretischen Didaktik von Seiten anderer Autoren geäußert wurde:

Lt. Jank/Meyer sind in diesem didaktischen Modell genügend Anhaltspunkte enthalten, die den Übergang von Analyse zur Planung erleichtert hätten, aber unzureichende Berücksichtigung erfuhren. Dieses Modell wurde in der Lehrerausbildung aufgrund eines relativ vollständigen Rasters zur Erfassung von Unterricht, aufgrund der Unparteilichkeit sowie einfacher Anwendung für Referendare usw. sehr bekannt (vgl. Jank/Meyer 1991, S. 214-216).

Blankertz kritisiert, dass der Modellanspruch aus folgenden drei Punkten unrealisierbar sei (vgl. Blankertz 1980, S. 112-116):

Der Anspruch der lerntheoretischen Didaktik zur unbefangenen Unterrichtsbeobachtung, Analyse und Auswertung ist wie gefordert nicht realisierbar, da die Didaktik keinen begründeten Zusammenhang von Hypothesen über den Unterrichtsprozess und seinen Gesetzen darstellt. Demnach bilden die hier genannten Kategorien Klassifizierungen für Entscheidungen [in den beiden Bedingungsfeldern wird eine Basis für das kommende Lehrerverhalten in den vier Entscheidungen gelegt]. Er sieht den Didaktiker als ideologischen Entscheidungsfinder an. Er kritisiert an dieser Art der Analyse, dass angenommen wird, Vorgänge im Unterricht könnten rational begründet und anschließend technologisch strukturiert werden. Dem ist seiner Meinung nach nicht so, und die Verfasserin teilt diese Ansicht, da jede analytische Entscheidung ideologisch ist, auch die Entscheidung, welche als rational beurteilt wird.

Lt. Felix von Cube stimmt der lehr-/lerntheoretische Ansatz von 1965 in seiner wissenschaftstheoretischen Grundlegung mit dem kybernetischen-informationstheoretischen didaktischen Ansatz überein [dieser ist in dieser Arbeit nicht dargestellt]. Nach seiner Meinung nimmt auch der lehr-/lerntheoretische Ansatz eine klare Differenzierung zwischen Lernzielsetzung und dem Erreichen von Lernzielen vor. Seine Negativkritik richtet sich auf zwei Punkte. Zum einen sieht er in diesem didaktischen

Modell ein statisches Modell, welches dem Prozesshaften Unterrichtscharakter keine Rechnung trägt, zum anderen sieht er in dieser didaktischen Theorie nur eine Beschreibung, der es an systematischer Lehrstrategie und deren medialer Verwirklichung mangelt (vgl. von Cube 1999, S. 72/73).

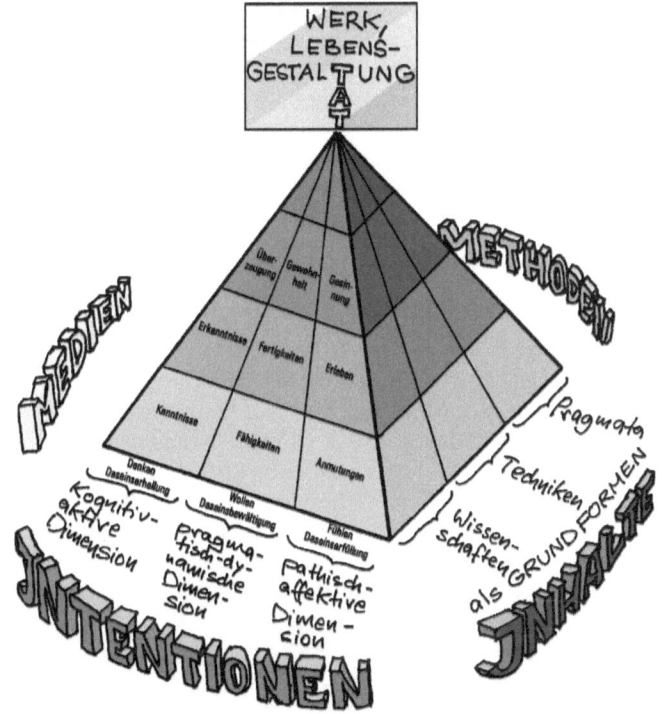

Abb. 22: Dimensionenpyramide (in Anlehnung an Jank/Meyer 1991, S. 206 und S. 209)

3.4 Didaktik der arbeitsorientierten Exemplarik [AOEX]

Die Didaktik der arbeitsorientierten Exemplarik stellt im Vergleich zu den beiden vorhergehenden Modellen ein gänzlich differenzierteres didaktisches Modell dar. Sie entwickelte sich in den 70er Jahren aus der notwendigen Forderung nach Berücksichtigung von subjektiven Erfahrungen und Lebenszusammenhängen, welche nach einer Verschränkung mit der Wissenschaft und Theorie suchten (vgl. Lisop/Huisinga 1994, S. 15).

Diese didaktische Richtung lässt sich wissenschaftlich einbetten in die kritische Erziehungswissenschaft, welche sich in Anlehnung an die >Frankfurter Schule< generierte. Anliegen der >Frankfurter Schule<

[Ende der 60er und Beginn der 70er] war es, „die Dialektik von individueller und gesellschaftlicher Entwicklung, von individuellem Verhalten und gesellschaftlichen Bedingungsgefüge aufzuklären" (Huisinga/Lisop 1999a, S. 135).

Die kritische Erziehungswissenschaft, auch als emanzipatorische Pädagogik bekannt, kann nicht als geschlossene Wissenschaft betrachtet werden. Vielmehr spiegeln sich in ihr sowohl Einflüsse weiterer Wissenschaftstheorien wie die der empirisch-analytischen Wissenschaften, der geisteswissenschaftlich-hermeneutischen Wissenschaften sowie der dialektischen Wissenschaften als auch Einflüsse verschiedener Disziplinen wie z.B. der Soziologie, Tiefenpsychologie, Philosophie und kritischer Ökonomie wieder (vgl. Huisinga/Lisop 1999a, S. 135).

3.4.1 Theoretische Positionierung und Bildungsverständnis

Zu den Vertretern dieser didaktischen Richtung werden Richard Huisinga und Ingrid Lisop gezählt.

Allgemein lässt sich das Anliegen dieser Richtung sowie ihre theoretische Position wie folgt kurz darstellen: Die Didaktik der AOEX beinhaltet eine Theorie der Bildung sowie Praxisbeispiele wie diese Didaktik realisierbar ist. Weiterhin bildet die Subjektorientierung unter Berücksichtigung verschiedener Disziplinen wie Soziologie und Psychologie [siehe weiter oben] den zentralen Blickpunkt dieser Theorie sowie die das Subjekt tangierenden Faktorgefüge. Aus pädagogisch-professioneller Sicht handelt es sich um die Optimierung der Entscheidungen, Wahrnehmungen und Auslegungen des Lehrers zugunsten der positiven Entwicklung des Subjekts, d.h. der Entfaltung der Humankompetenzen und gattungsmäßigen Wesenskräften. Die theoretische Grundposition lässt sich als dialektisch, ganzheitlich und implikativ beschreiben, d.h. das Denken wird hierbei verstanden als Einheit von Gegensätzen. In der exemplarisch zugrunde liegenden Betrachtung vollzieht sich Lernen an Verknüpfungen, und Verknotungen von gesellschaftlichen sowie psychodynamischen Implikationszusammenhängen der Lebenskräfte und Lebensbedürfnisse. Arbeit [da diese Richtung arbeitsorientiert und exemplarisch fundiert ist] in Form von öffentlicher Arbeit, Reproduktionsarbeit und Erwerbsarbeit ist sowohl Mittel als auch Ziel der Subjektbildung (vgl. Lisop/Huisinga 1994, S. 20-63, S. 131-317).

Was die Arbeitssicht betrifft vertritt Zabeck eine ähnliche Sichtweise. Für ihn stellt Arbeit respektive der Beruf mit der gesellschaftlichen Bindung eine Wesensbestimmung des Menschen dar und ist somit ein Bildungskriterium (vgl. Zabeck 1984, S. 36).

Didaktik wird in diesem Modell nicht losgelöst von der Methodik betrachtet. Methodik und Didaktik können nach Ansicht der Verfasser aufgrund ihrer Implikation [Verknotung, Verflechtung] von Inhalten, Zielen und Verfahrensweisen nicht separiert werden (vgl. Lisop/ Huisinga 1994, S. 338; vgl. Zabeck 1984, S. 60).

Generell definieren Lisop/Huisinga Didaktik als Theorie und Praxis von Intentionen, Inhalten und Methoden im Rahmen institutionalisierten Lehrens und Lernens. Didaktik beinhaltet immer die Vermittlung zwischen Subjekt und Objekt bzgl. ihrer Forderungen i.H.a. die Entwicklung bzw. Entfaltung menschlicher Kompetenzen sowie Gattungsmäßigkeit, die sich im Denken, Fühlen und Wollen äußert sowie i.H.a. die Gesellschaftlichkeit. Demnach kann Didaktik als heuristisches und hermeneutisches Instrument in psychosozialen Verknüpfungsprozessen gewertet und als ein wesentlicher Teil professioneller Erziehungswissenschaft angesehen werden (vgl. Lisop/Huisinga 1994, S. 136 in Anlehnung an Pongratz 1992).

Ausgehend von ihrem weitgreifenden didaktischen Verständnis, beeinflusst diese Sicht der Dinge auch ihr Verständnis von Bildung sowie Subjekt- und Objektrelation.

Bildung umfasst in der Wirtschaftspädagogik sowohl allgemeine als auch berufliche Bildung. Bildung ist demnach auch immer gleichzeitig Subjektbildung, da Bildung der Entwicklung und Entfaltung der humanen Gattungsmäßigkeit, der Entwicklung der Produktivkraft und der Lebenskräfte und Lebensbedürfnisse für drei Arten der Arbeit und dem allseitigen Entfaltungsprozess vor dem Hintergrund der Individualität und der historisch gewachsenen Gesellschaft Vorschub leistet.

Bildung stellt eine Verdichtung dar. Bildung ist ein komplexes Gefüge von Verkehrs- und Bewusstseinsformen. Sie entwickelt und entfaltet die drei Kompetenzarten, die Kultur des Denkens, des Wollens, des Fühlens und die Handlungs-, Gestaltungs- und Kommunikationsfähigkeit. Bildung bezieht sich auf technische Ansprüche [herstellende und kritische Effizienz in allen Lebensbereichen und in Erwerbs-, Reproduktions- und öffentlicher Arbeit]. Weiterhin bezieht sie sich auf geschichtliche Anforderungen [wenn gesellschaftliche Entscheidungen auf historische Kausalbeziehungen rückführbar sind] sowie auf ästhetische Belange [wertende Formgebung geistiger und seelischer Kräfte, des menschlichen Miteinanders und der Umwelt].

Dem Subjekt gilt es die Entfaltung aller ihm/ihr typischen Produktivkräfte zu ermöglichen. Bildung äußert sich in der Befähigung zur objektiven Wahrnehmung, Auslegung und Entscheidung bzgl. der eigenen Person [meint Selbstkompetenz, der Fähigkeit eigenverantwortlich zu handeln], von Sachgebieten [meint Sach- oder Fachkompetenz, der Fähigkeit für Sachbereiche urteils- und handlungsfähig zu sein] und bzgl. anderer Menschen [meint Sozialkompetenz, der Fähigkeit für soziale, gesellschaftliche und politische Fragen urteils- und handlungsfähig zu sein]. Der Kompetenzbegriff bedeutet zuständig und befugt sein aufgrund entsprechender Qualifizierung und ist angelehnt an Roth (vgl. Roth 1971, S. 180).

Die allgemeine Gattungsmäßigkeit betrifft sowohl die Wesenskräfte Denken, Fühlen und Wollen als auch die Wesensglieder Körper, Seele und Geist, welche mittels Bildung zu den o.g. Humankompetenzen ausgereift werden. Das Individuum entfaltet die ihm/ihr eigens spezifischen Formen der Gattungsmäßigkeit und es steht in dialektischer Implikation zur historisch gewachsenen Gesellschaft. Zum einen ist es autonom [selbstbewusst, selbstbestimmt], erwirbt Reflexivität, aufgeklärtes Bewusstsein, Freiheit und entwickelt eigene Lebenskräfte und Bedürfnisse in der Auseinandersetzung mit der inneren und äußeren Natur, zum anderen wird es im Verlauf der Sozialisation vergesellschaftet und in Normen, Rollen, Sprachen, Umgangsformen, Werten und Handlungsmustern geprägt und ist somit Teil der Gesellschaft.

Das Subjekt wirkt somit auf seine Umwelt ein, gestaltet sie aktiv, beeinflusst sie und wirkt damit auf die Geschichte ein. Bildung erfüllt in diesem Kontext die Gelenkstückfunktion, da sie zwischen dem Subjekt und der Gesellschaft, d.h. dem gesellschaftlichen Implikationszusammenhang vermittelt und zur dynamischen Entfaltung der menschlichen Kräfte beiträgt. Kompetenz wird hierbei als wirkliche Ausformung des menschlichen Vermögens verstanden, die Qualifikation in Bildung einschließt (vgl. Lisop/Huisina 1994, S. 23, 141/142, 336/337; Huisinga/Lisop 1999a, S. 18, 175-179).

Ähnliche Ansichten zur Aufgabe der Bildung finden sich bei Jank/Meyer und bei Klafki. Alle drei Autoren sehen in der Bildung die Befähigung zur Mündigkeit, Freiheit, vernünftiger Selbstbestimmung und Emanzipation. Diese Fähigkeiten erlangt das Subjekt nur in Aneignungs- und Auseinandersetzungsprozessen mit der äußeren Umwelt und ihren Objektivationen. Bildung soll für alle Menschen zugänglich sein und sie dient der Entfaltung menschlicher Wesenskräfte, einer umfassenden Menschenbildung, einem Lehren und Lernen mit Kopf, Herz und Hand und der Entwicklung vielseitiger Neigungen. Im Bildungsprozess werden die moralische Dimension, die Dimension des Denkens, Erkennens und Verstehens sowie die ästhetische Dimension berührt. Bildung ermöglicht die Entfaltung von Humankompetenzen. Der Bildungsprozess gestaltet sich als aktiver Vermittlungsprozess zwischen Subjekt und Objekt, in dem die geschichtliche Wirklichkeit für das Individuum verständlich wird und sich das Individuum gleichzeitig für diese Geschichtlichkeit öffnet. Dabei werden die Produktivkräfte des Menschen entfaltet, der damit seine Umwelt handwerklich-technisch verändert. Im Bildungsprozess entfaltet sich der Mensch als ethisches, politisch entscheidendes und handelndes, als emotionales, wertendes und ästhetisch gestaltendes Wesen. Bildung kann jeder Mensch nur für sich selbst erwerben; der Bildungsprozess erfolgt in der Gemeinschaft (vgl. Klafki, 1986, S. 458-465; vgl. Klafki, 1994, S. 19-38, 97/98).

Abb. 23: *Vermittlung zwischen Individuum und Gesellschaft mittels Subjektbildung und Arbeit vor dem Hintergrund der arbeitsorientierten Exemplarik (in Anlehnung an Lisop/Huisinga 1994, S. 131-224)*

3.4.2 Bedeutung der zugrundeliegenden Exemplarik

An dieser Stelle wird auf das Verständnis von Exemplarik verwiesen, da sie richtungsweisend für das gesamte Verständnis dieses didaktischen Modells ist. Exemplarik ist ein klassisches, didaktisches Konstruktions- und Erkenntnisprinzip für die Auswahl und Aufbereitung komplexer Lerngegenstände. Ihr Ursprung liegt in der Antike. Dieses Erkenntnisprinzip wurde herangezogen, wenn es um das Strukturieren und Zusammenwirken von Teilen und Ganzem sowie um die Einheit von Wesen und Erscheinung ging. Exemplarik umfasst das Auffinden und Erkennen sowie das Entfalten von Knotenpunkten verschiedener Bereiche, Phänomene, Gesetzmäßigkeiten oder auch Disziplinen vom Typ der Implikation. Sie vereinigt den individuellen Implikationszusammenhang mit den Qualifikationsanforderungen des gesellschaftlichen Implikationszusammenhangs. Sie ist nicht mit Beispielen gleichzusetzen, vielmehr mit Mustern. Ein Thema, ein Lernziel oder ein Stoff kann erst dann seine aufschließende und bildende Kraft entfalten, wenn erkannt wird, womit es zu einem Ganzem gehört bzw. wie sich der Gesamtzusammenhang darstellt. Dieses Muster der Zusammengehörigkeit wird determiniert durch eine gemeinsame Konstitutionslogik. Der Konstitutionslogik kommt dabei die Aufgabe zuteil, die Beziehung der Teile zueinander sowie die Teile selbst zu strukturieren. Es kommt letztlich darauf an, die Beziehung und Zusammengehörigkeit der Muster zu erkennen. Die Exemplarik als Erkenntnisprinzip wird mittels Wahrnehmung, Auslegung und Zuordnung von Wesen [meint Konstitutionslogik] und Erscheinung, Teilen und Ganzen, Strukturen und Prozessen didaktisch umgesetzt. Exemplarik ist nicht als Komplexitätsreduktion zu verstehen, im Gegenteil. Die Komplexität soll in Lernprozessen nicht reduziert, sondern durchschaut werden: Didaktisch meint dies das Zurückführen des Komplizierten auf sein Grundprinzip, die Darstellung und das Aufzeigen dieses Grundprinzips als Art strukturprägendes Moment in der Komplexität und letztendlich die Herausarbeitung der Verdichtungen unterschiedlicher Dimensionen. Exemplarik verlangt in der Praxis nach fächerübergreifendem Unterricht, aus welchem sich der Zugang zu den Zusammenhängen der Lebenspraxis ganzheitlich erschließt. Das dadurch erlangte Verständnis ermöglicht emotional und kognitiv einen Transfer auf weitere Fächer. Im Endeffekt wirkt dies langfristig betrachtet auch zeitsparend (vgl. Lisop/Huisinga 1994, S. 148-150, 328-332, 340/341; vgl. Huisinga/Lisop 1999a; S. 18/19, 278/279; vgl. Lisop/Huisinga 1999b, S. 166-168).

Analogien zum Thema Exemplarik lassen sich auch bei Klafki und bei Wagenschein finden. In Abschnitt 3.2 sind die Forderungen bzgl. exemplarischen Lehrens und Lernens detaillierter aufgeführt. Der Exemplarik kommt dabei die Aufgabe zu, das Elementare und Fundamentale aufzuzeigen. Ein ausgewähltes Thema soll den Schülern Zusammenhänge, Gesetze usw. erschließen, damit sie deren Wirkungen ausstrahlend auf verschiedene Fachgebiete erkennen können. Wagenschein spricht sich für ein sinnvolles Curriculum und andere institutionelle Rahmenbedingungen aus [er ist ebenso wie Lisop/Huisinga gegen den 45-Minuten-Unterricht]. Seiner Meinung nach sollen Schüler genügend Zeit erhalten, sich eine Sache zu erschließen und ihren Wirkungsradius zu erkennen [meint, dass die Schüler eine Sache begreifen, die sie zuvor ergriffen hat]. Im Endeffekt würde dieser Wirkungsradius zeitsparend sein (vgl. Klafki 1994, S. 143-157; vgl. Wagenschein 1964, S. 3-26; vgl. Wagenschein 1965, S. 6-30 und Wagenschein 1970, S. 7-98 sowie 175-179).

Bildung gemäß der Exemplarik berührt Bildung aus einem essentiellen Punkt [Gegenstand, Thema, Begriff], dessen aufschließende Kraft die wichtigste Eigenschaft darstellt. Das Exemplarische bezieht sich immer auf das Ganzheitliche, d.h. es bezieht den gesamten Menschen mit ein und zwar i.H.a. seine Wesensglieder und Wesenskräfte, ebenso wie es das Ganze der Wissenschaften und mittels der Sinnfrage auch das ganze Leben miteinbezieht.

Hier bedarf es nach Meinung von Lisop/Huisinga eines vollständig neuen Bildungssystems, dessen Dialektik auf das Erschließen von Subjekt und Gesellschaft i.H.a. Ziel, Gegenstand und Verfahren [Autoren bezeichnen dies als Trias], Wissenschaft und materielle Reproduktion des gesellschaftlichen Lebens und auf Strukturen sowohl der geistigen Welt als auch der materiellen Lebensprozesse ausgerichtet ist (vgl. Lisop/Huisinga 1994, S. 148).

Ganzheitlichkeit stellt in dieser didaktischen Theorie ein wesentliches Moment dar. Dieser Begriff lässt sich auf die Philosophie zurückführen. In diesem Sinne kann etwas Ganzes nur entstehen, wenn Teile davon in Beziehung bzw. in einer Ordnung zueinander stehen, welche eine Vertauschung nicht gestattet [andernfalls würde der Plan, Zweck, Sinn, der dem zugrunde liegt, verloren gehen] (vgl. Lisop/Huisinga 1994, S. 153).

3.4.3 Instrumente der AOEX

Die Didaktik der AOEX unterscheidet sich von anderen didaktischen Modellen in der Sichtweise der didaktischen Faktoren i.H.a. ihre Art, ihre Funktion, ihrer praktischen Handhabung ebenso hinsichtlich des Prozessbegleitenden Wahrnehmens, Auslegens und Entscheidens im Lehr- und Lernverfahren. Bzgl. dieser Faktoren wurden neue Instrumentarien stets vor dem Hintergrund der Subjektbildung in der Didaktik der AOEX im Unterricht entwickelt (vgl. Lisop/Huisinga 1994 S. 168).

„Sie sollen helfen, den exemplarischen Bewegungsprozess der Subjektbildung vom Unterrichtsprozess her intersubjektiv nachprüfbar zu gestalten" (Lisop/Huisinga 1994, S. 168).

Zu den Instrumenten der AOEX zählen der Didaktische Implikationszusammenhang [DIZ], der Gesellschaftliche Implikationszusammenhang [GIZ], der Psychodynamische Implikationszusammenhang [PIZ] und die Lehr-/Lernspirale. Alle diese Instrumente sind ihrem Aufbau nach dialektischer Natur.

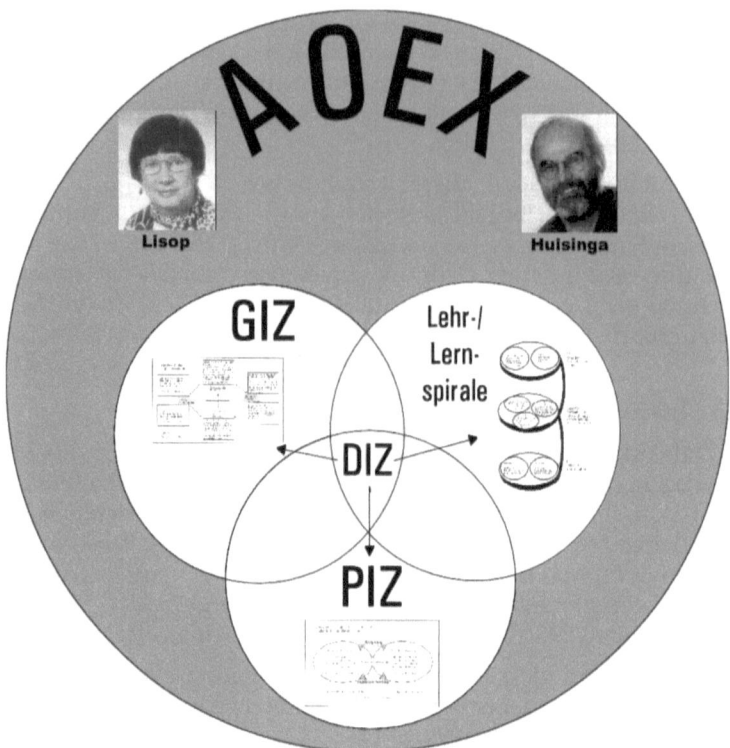

Abb. 24: Gesamtübersicht aller didaktischen Instrumente der AOEX (in Anlehnung an Lisop/Huisinga 1994, S. 183, 189, 212; Huisinga/Lisop 1999a, S. 172)

DIZ [Didaktischer Implikationszusammenhang]

Der DIZ basiert auf der Dialektik von Zielen, Inhalten und Verfahren im Unterrichtsprozess. Er stellt nach vollendeter Unterrichtsplanung eine Art Vorab-Modell des eigentlichen Unterrichtsprozesses dar. Real äußert sich der DIZ in der andauernden Herausbildung von Relationen. Äußerlich gestaltet er sich im Zusammenwirken von Methoden (vgl. Lisop/Huisinga 1994, S. 338/339).

Blankertz entwickelte diesen Begriff im Zusammenhang mit der methodischen Leitfrage bzw. der methodischen Unterrichtsstrukturierung. Die Aufgabe der methodischen Leitfrage sieht er darin begründet, die individuellen-subjektiven Schülervoraussetzungen mit dem objektiven Sachanspruch zu verbinden. Seiner Meinung nach ist die Methode in der didaktischen Analyse immer antizipiert (vgl. Blankertz 1980, S. 99/100).

Der Disput um den engeren Kreis von Menck, Kaiser und Klafki bzgl. der methodischen Leitfrage führte zu folgenden Gedankenschlüssen:

1. Wie entsteht so etwas wie Unterrichtsinhalt und -gegenstand. Ist der Unterrichtsgegenstand an sich bereits vorhanden oder konstituiert er sich mit Hilfe der Auslegung/Interpretation?
2. Spielen die Schüler eine bestimmte Rolle bei der Konstituierung des Unterrichtsgegenstandes [im Bewusstsein des Lehrers oder als aktive Beteiligte]?
3. Welche bestimmte Aufgabe erfüllt dabei die Methodik. Ist sie erst im Unterrichtsverlauf relevant oder schon bereits vorab in der Planung? (vgl. Lisop/Huisinga 1994, S. 173 in Anlehnung an Faust-Siehl, 1987).

Über die Zuhilfenahme dieser Fragen konstituiert sich die Thematik im Unterricht. Allerdings gibt es zu bedenken, dass auf der einen Seite ein zu erwerbendes kanonisiertes Wissen bereits gegeben ist, während auf der anderen Seite gefragt werden muss, inwieweit diese Kenntnisse, Fertigkeiten usw. den Schülern im späteren Leben von Nutzen sein werden. Diese Sinn- und Relevanzfrage i.H.a. den Unterrichtsstoff ist in Verbindung mit der Subjektbildung von zentraler Bedeutung. Sowohl die Relevanzdeutung des Stoffes als auch die Unterrichtsmethode vermitteln zwischen denindividuell-subjektiven Voraussetzungen der Schüler und dem objektiven Sachanspruch. Das wesentliche Problem, dass es zu beheben gilt, geht aus von der Verschränkung bestimmter GIZ-Elemente i.V.m. den Elementen des PIZ zur Implikation, von welcher die aufschließende und zugleich bündelnde Kraft im Sinne der AOEX im Bildungsprozess ausgeht. Dabei spielt die Methode in der Planungsphase eine zweitrangige Rolle. Wesentlich wird die Methode für die Bewegung und Beförderung des Lehr- und Lernprozesses.

Zu den Methoden zählen folgende Punkte: Stoffstrukturierung bzgl. Motivation, Vorkenntnisse, Bedeutung des Stoffes für den Lebenszusammenhang der Schüler, der lernpsychologischen Erkenntnisse und der induktiven sowie deduktiven Relation; Verlaufsgliederung, Organisationsformen wie z.B. Gruppenarbeit, Frontalunterricht und Rollenspiele; Aktionsformen des Lehrers, d.h. Kommunikationstechniken und die Lernverfahren wie z.B. hören, lesen, experimentieren, analysieren usw. Betrachtet man den DIZ in Verbindung mit dem GIZ vor dem Motivationshintergrund, so äußert sich das Interesse, die Lernbereitschaft und die Mitarbeit als Bedürfnisse, die nach Aufklärung und Aneignung der Thematik in den eigenen Lebenszusammenhang drängen. Die Lernthematik kann als Verknotung und der Unterricht als Entfaltung in Form der Spirale gesehen werden (vgl. Lisop/Huisinga 1994, S. 165-177; vgl.

Huisinga/Lisop 1999a, S. 282/283; vgl. Lisop/Huisimga 1999b, S. 193/194).

GIZ [Gesellschaftlicher Implikationszusammenhang]

Der GIZ wird sowohl als heuristisches als auch als hermeneutisches Instrument betrachtet, welches der systematischen Analyse, Planung und Entscheidung über Zusammenhänge in interpersonalen, individualpsychischen und gesellschaftlichen Abläufen dient zum Zwecke der Aufbereitung von Erkenntnissen bzgl. Arbeiten und Lernen. Im GIZ spiegeln sich vier unterschiedliche gesellschaftliche Einheiten wieder:

1. Die Einheit der primären Produktionsform, welche in diesem Modell sämtliche Institutionen der Fischerei, der Land- und Forstwirtschaft, der Industrie und des Handwerks sowie des Handels, der Versicherungen, der Banken, den Güter- und Nachrichtenverkehr und die Dienstleistungsbranchen umfasst.

2. Die Einheit der sekundären Produktionsform, welche sämtliche Institutionen der öffentlichen Verwaltung, Körperschaften, des Verbandwesen, Organisationen, Parteien, Vereine, der privaten Haushalte sowie das Bildungs-, Gesundheits- und Sozialwesen, Kirchen, Rechtsprechung und Künste beinhaltet. In der sekundären und primären Einheit kommen die Produktivkräfte, welche zugleich Hergestelltes und Herstellendes sind, zum Ausdruck.

3. Die Einheit der Verkehrsformen, welche die Sprachen, Verhaltensweisen, Beziehung zur Natur und anderen Menschen sowie zu Einheiten der Produktionsformen ausgedrückt.

4. Die Einheit der gesellschaftlichen Bewusstseinsformen, welche die Wissensbestände und Wertgefüge, die Formgebung der Sinnestätigkeit der Emotionen und die Resultate ihres Gebrauchs beinhaltet. Bewusstseinsformen spiegeln sich in den Verkehrsformen wieder.

Diese hier beschriebenen Einheiten bilden einzelne Bereiche des menschlichen Lebens ab, in denen sich der individuelle Lebenszusammenhang abspielt, der Mensch sich durch seine Tätigkeit verwirklicht. Zugleich bilden sie knotenpunktartige Verdichtungen des gesellschaftlichen Systems.

Praktisch bedeutet der GIZ für die Lehrenden, dass sie ihren Unterricht nach den folgenden Planungsschritten strukturieren können:

1. Bezüglich der Verkehrsformen muss gefragt werden, welche Fertigkeiten und Kenntnisse die Schüler erwerben müssen, d.h. was sie können müssen.

2. Bezüglich der Produktionsformen wird gefragt, wo konkret Handeln wozu realisiert werden soll. Hierbei gilt die Korrelation zu Verkehrsformen zu berücksichtigen.
3. In Hinblick auf die Bewusstseinsformen wird gefragt, welches Wissen zum Lernen erforderlich ist, wie es wieder reaktiviert werden kann [falls es vorhanden ist] und wie Lernblockaden zu untersuchen sind [im Falle des Fehlens]. Zu berücksichtigen bleibt die Lemniskate, d.h. der PIZ von Lebensbedürfnissen und Lebenskräften. Die Metabewusstseinsebene berührt in diesem Kontext die Frage nach Erkenntnis und Reflexion.
4. In Hinblick auf die Methoden sind innere Methoden, Medien und Materialien, verschiedene technische Komponenten sowie das Aktivitätsspektrum zu berücksichtigen.
5. Letztlich erfolgt die vorgesehene Zeitplanung, d.h. zeitliche Prozesse der Lernspirale bzgl. Lernerkenntnis und Übungen werden kalkuliert (vgl. Lisop/Huisinga, 1994, S. 178-185, 342; vgl. Huisinga/Lisop, 1999a, S. 14, 191-193; vgl. Lisop/Huisinga, 1999b, S. 200-203).

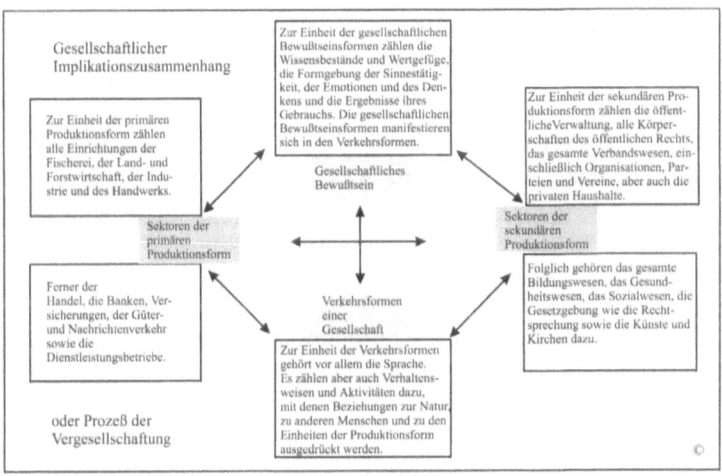

Abb. 25: Gesellschaftlicher Implikationszusammenhang (Huisinga/Lisop 1999a, S. 15)

PIZ [Psychodynamischer Implikationszusammenhang]

Aus ganzheitlicher Sicht umfasst der PIZ die Wesensglieder Körper, Seele und Geist, die Wesenskräfte Denken, Fühlen, Wollen sowie Lebensbedürfnisse und Lebenskräfte. Der PIZ der Lebenskräfte und Bedürfnisse berührt in dialektischer Realtion die somato-psychische und psycho-soziale Bewegungsseite des Menschen.

Auf der somato-psychischen Seite wird das Subjekt bzgl. der Physis und der Emotionen erfasst, d.h. sowohl die normalen Lebensvorgänge im Körper als auch die affektiven Prozesse, die wiederum Einfluss auf den Körper nehmen [Gefühle wie Angst oder Freude sind begleitet von vegetativ-körperlichen Symptomen] werden berücksichtigt.

In Anlehnung an R. Steiner unterteilen Lisop/Huisinga den menschlichen Körper in drei Funktionssysteme:

a) Nerven-Sinnes-System

b) Stoffwechsel-Gliedmaßensystem

c) Rhythmisches System (vgl. Lisop/Huisinga, 1994, S. 186 in Anlehnung an Steiner 1980).

Diese Tätigkeitsbereiche innerhalb des Körpers sind nicht nebeneinander anzusiedeln, sondern miteinander verwoben. Das Gehirn z.B. ist mittels des Glucose-Stoffwechsels am Stoffwechsel-Gliedmaßen-System beteiligt, aber v.a. durch seine Funktion als übergeordnetes Steuerungs-, Koordinations- und Informationssystem vorrangig am Nerven-Sinnes-System. So lässt sich sagen, dass alle Organe Funktionen dieser drei Systeme in unterschiedlicher Ausprägung ausüben.

Die verwendeten Begriffe sind paarig und gegenläufig angeordnet. Auf dieser Seite der Lebenskräfte und Bedürfnisse spiegeln sich Abläufe innerhalb des Organismus wie Stoffwechsel wieder [Aufnahme und Aussonderung], sowie das Bedürfnis nach Ruhe und Bewegung, Reiz und Reaktion, Materialisierung und Entmaterialisierung sowie Sinngebung und Transzendenz. Auf dieser Seite sind Wechselwirkungen seelischer und körperlicher Art enthalten.

Auf der psycho-sozialen Bewegungsseite der Lebenskräfte und Bedürfnisse wird der Mensch i.V.m. der Gesellschaft betrachtet. Hierbei verwirklichen sich Lebenskräfte und –bedürfnisse durch Arbeit und Muse als entäußernde und aneignende bzw. produktive und reflexive Aktivität. Zum einen äußern sich Bedürfnisse nach Freiheit, Autonomie, Gestaltung, Erkenntnis und Entwicklung, zum anderen wirkt der Mensch als Teil in der Gesellschaft und wird von ihr absorbiert und beeinflusst in der Entfaltung, der Regulation, Reflexion, Orientierung und Produktion.

Auch hierbei sind die Begriffe paarig und zugleich gegenläufig aufgeführt. Beide Bewegungsseiten sind berührt von den Lebenskräften und Bedürfnissen und äußern sich in Gestaltung, Rhythmisierung und Sinnbildung. Sie beeinflussen die Sinngebung, aber auch die Impulswahrnehmung und Sinnesverarbeitung. Wahrnehmungen werden in ihrem Sinn und ihrem Wert nach gesellschaftlich beeinflusst und geprägt, so dass letztendlich die Sinne per se als vermittelnde und vermittelte Kraft das Ziel der Subjektbildung innehaben.

Beide Seiten sind paarig angelegt, was in dem Fall bedeutet, dass der individuelle wie der gesellschaftliche Gesichtspunkt dynamisch zusammenwirken.

„Die Einheit der Lebensbedürfnisse und Lebenskräfte stellt unser ganz spezifisches menschliches Produktivkraftpotential dar. Ihr verdanken wir, was wir Kultur nennen. Indem wir dieses Potential durch Arbeit und Bildung vergegenständlichen, entfalten wir unser Mensch-Sein" (Lisop/Huisinga 1994, S. 191).

Bei der Wahrnehmung und dem Bewusstwerden von Bedürfnissen körperlicher und seelischer Art spielen die menschlichen Sinne eine entscheidende Rolle. Das Sinnessystem hat eine Vermittlungsaufgabe inne zwischen den menschlichen Vorgängen im Inneren und den Vorgängen der äußeren Umwelt.

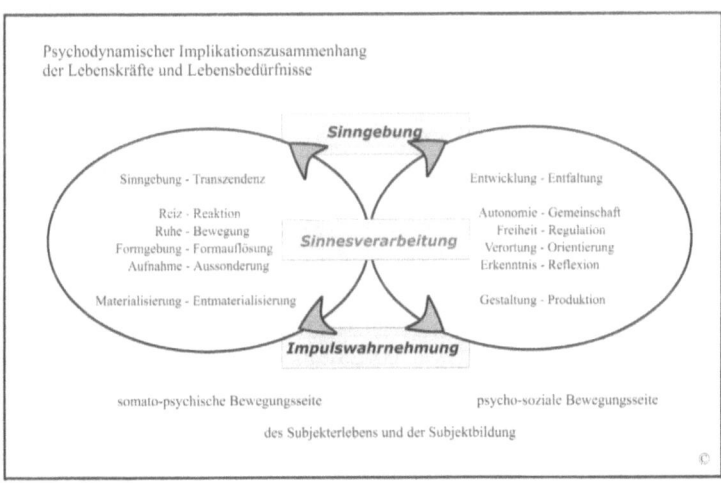

Abb. 26: Psychodynamischer Implikationszusammenhang der Lebenskräfte und Lebensbedürfnisse (Huisinga/Lisop 1999a, S. 16)

Lisop/Huisinga untergliedern 12 Sinne in drei Bereiche, die in Korrelation mit den menschlichen Wesensgliedern stehen:

- Ausgesprochen-innere Sinne, bzgl. der Phylogenese [Stammesentwicklung]und Ontogenese [Individualentwicklung] handelt es sich um die unteren Sinne: Tastsinn, Lebenssinn, Bewegungssinn und Gleichgewichtssin.
- Äußerlich-innerliche Sinne, bzgl. der Phylogenese und Ontogenese die mittleren Sinne: Geruchssinn, Geschmackssinn, Sehsinn und Wärmesinn.
- Ausgesprochen-äußere Sinne, bzgl. der Phylogenese und der Ontogenese die oberen Sinne: Gehörsinn, Wortsinn, Gedankensinn, Ichsinn.

Auch die Sinneswahrnehmung ist sozialisatorisch geprägt.

Hierbei sind biologische, psychologische und soziale Komponenten im Spiel, die entscheidenden Einfluss auf das Wohlbefinden, die Lernfähigkeit und das Motivationsverhalten ausüben. Kommt es bei den Sinnesausprägungen zu Störungen, folgen als Konsequenz darauf Störungen der Wahrnehmungen, der Anreize und dem Bewusstwerden von Lebenskräften und des Antriebs [Motivationen, Lernantrieb etc.]. Verhaltensweisen, die einer Störung unterliegen, äußern sich z.B. in der Suche nach Lust und Behagen, aber auch im Zurückziehen und Überkompensieren der erlebten Versagung z.B. mit Mitteln der Tiefenpsychologie, d.h. der Abwehrmechanismen [Verdrängung, Verkehrung ins Gegenteil, Verleugnung, Isolierung, Projektion, Verschiebung und Regression] (vgl. A. Freud 1964).

Zum Thema Störungen im Unterrichtsablauf äußern sich Lisop/ Huisinga folgendermaßen: Sie fragen weniger nach Ursachen der Störungen und deren Vermeidung als vielmehr nach den Antriebskräften von subjektbezogenen Entfaltungsprozessen.

> „Die sogenannten Störungen sind u.E. nichts anderes als das Signal einer inneren Irritation, welche in Gestalt von Abwehr nach einer individuell angemessenen Einmündung des Lehrangebotes in das eigene Denken, Fühlen und Wollen sucht. Lernabwehr ist dementsprechend als codierter Hilferuf zu interpretieren, das Lernangebot in die individuelle Konfiguration der Lebenskräfte und Lebensbedürfnisse einmünden zu lassen" (Lisop/Huisinga 1994, S. 193).

Ausgehend vom Standpunkt der Motivation bietet der PIZ in Korrelation zum GIZ eine Erkenntnismöglichkeit zur Vermeidung von Lernabwehr.

1. Psychodynamik äußert sich energetisch im Denken, Fühlen und Wollen zwecks Befriedigung von Lebenskräften und Bedürfnissen.

2. Sowohl das Lernen als auch die Bedürfnisbefriedigung bedingen sich gegenseitig. Lernen wird hierbei bildlich mit dem Stoffwechsel verglichen, insofern sich beim Lernprozess ein entfaltendes Werden, Aneignen, Wachsen, Umwandeln, Einbinden aber auch Abstoßen abspielen. Stoffwechsel in diesem Sinne meint den Stoffwechsel von allen o.g. Wahrnehmungen der 12 Sinne.
3. Lernen in Form von Subjektbildung meint Überwindung. Um neue Ebenen der Entwicklung und Entfaltung zu erreichen, müssen vorhandene Blockaden aufgehoben werden, die an frühere Versagungen erinnern.
4. Angst vor Versagung begünstigt Abwehrverhalten, welches dem Erreichen neuer Entwicklungs- und Entfaltungsebenen entgegen steht. (vgl. Lisop/Huisinga 1994, S. 186-207; vgl. Huisinga/Lisop 1999a, S. 14-16, 186-190; vgl. Lisop/Huisinga 1999b; S. 206-208).

Lernen im Zusammenhang mit dem PIZ erfolgt in Verbindung mit der Subjektbildung und der dabei entfalteten drei Kompetenzen. Im Lernprozess eröffnet sich dem Subjekt die Lebensbedürfnisbefriedigung und die Entäußerung von Lebenskräften. Lernen per se meint Befriedigung von Lebensbedürfnissen. Das beim Lernen und Arbeiten notwendige Eindringen in einen Gegenstand [Wagenschein formulierte es als ergriffenes Begreifen einer Sache] kann vom Subjekt auf zwei Arten erlebt werden:

- Lernen wird positiv aufgefasst als Zugewinn erhöhter Lebensqualität, wodurch Lebenskräfte und Lebensbedürfnisse besser befriedigt werden können bzw. entäußert werden können mittels Aneignung des Lerngegenstandes.

- Das Subjekt sieht die Realisierung von Lebenskräften und Bedürfnissen durch den Lerngegenstand bedroht und entwickelt diesbezüglich Verlust- und Sanktionsängste.

Dem Lehrenden kommt wie schon erwähnt die Aufgabe zu, diese Lernangst zu entschlüsseln als Angst vor Versagung und den Wunsch nach Einmündung in das jeweilige System von Lebenskräften und Lebensbedürfnissen.

Lernen vollzieht sich im Sinne einer Innen-Außen-Relation mittels der Sinne. Reagiert das Subjekt in Erinnerung an früheres Versagen auf einen Lerngegenstand, so kommt es zu schützenden und abwehrenden Handlungen [die von Abwehrmechanismen begleitet sind]. Trotzdem kann Lernen als eine treibende Kraft des Menschen angesehen werden, die nach höherer Entwicklung und Entfaltung der Kräfte und Bedürfnisse strebt (vgl. Lisop/Huisinga 1994, S. 186-207; vgl. Huisinga/Lisop 1999a, S. 14-16, 186-190; vgl. Lisop/Huisinga 1999b; S. 206-208).

In diesem Zusammenhang verweisen Lisop/Huisinga auf die Informationsverarbeitung von Lernen und Gedächtnis sowie von Emotionen durch die Neuronen. „Lernen ist an die Verarbeitung von Informationen in neuralen Netzen gebunden, deren Verbindungswege sich an Umschaltstellen verknoten. Dabei spielen die biologische und die emotionale Bewertung eine zentrale Rolle. Insbesondere sind Emotionen als wertende Instanz Mittler zwischen dem jeweils biologischen System und der Außenwelt" (Lisop/Huisinga 1999b, S. 175 in Anlehnung an Uexküll und Wesiack 1996, S. 47) (vgl. Huisinga/Lisop 1999a, S. 180/181; vgl. Lisop/Huisinga 1999b, S. 174-177).

Lehr-/Lernspirale

Findet Lernen in Gruppen statt, gilt es den Verlauf des Lehr- und Lernprozesses so zu rhythmisieren, dass alle Beteiligten die gleiche Chance erhalten am BewegungsProzess teilzuhaben. Für den Lehrenden bedeutet das, dass er/sie die Verlaufsphasen planen muss. Im Groben gibt es bei der Planung drei Schritte:

1. Schritt: Hinleitung, Einstieg zum Thema. Wecken der Motivation durch Verknüpfen mit Bekanntem, Wecken der Neugier etc. [Einstiegsphase eignet sich v.a. für Kreativität und Experimente; ähnliche Gedanken sind bei Vester, Hüholdt und Wagenschein zu finden].

2. Schritt: Erarbeitung von Kenntnissen und Fertigkeiten sowohl i.H.a. die Praxis als auch i.H.a. die allgemeine Erkenntnis.

3. Schritt: Der Lernprozess bewegt sich im Anwendungsfeld des neu erworbenen Wissens, d.h. es handelt sich um Übertragungs- und Anwendungsaufgaben [z.B. in Form von Besinnung, Übung oder schlicht der Leistungskontrolle].

Je nach dem wie der Lerngegenstand seitens der Schüler bewertet wird hinsichtlich der Erkenntnis, der Bedeutung und des Weltaufschlusses im PIZ von Lebenskräften und Lebensbedürfnissen in Verknüpfung mit dem GIZ, ergibt sich die Richtung und Dynamik des Lernprozesses.

Lehr- und Lernabläufe dürfen nicht mit linearen Abläufen gleichgesetzt werden, d.h. sie zeigen keinen gleichmäßigen Aufstieg und verlaufen auch nicht gestuft, sondern sind spiralförmig und verknotend. Beide Autoren gestehen ein, dass aufgrund eines begrenzten Zeitkontingents eine Planung dieses Prozesses zwingend erforderlich ist, aber nicht im Rahmen des 45-Minuten-Unterrichts, da dies allen lernpsychologischen Erkenntnissen widerspricht [dieselbe Meinung teilen Hüholdt und Wagenschein]. Der Lernende soll soviel Zeit wie möglich für die Aneignung erhalten.

Das Spiralmodell des Lernens stellt auf jeder neuen Erkenntnisebene eine Basis für eine weitere Ebene des Erfahrungs-, Lern- und Erkenntnisprozesses dar. Beim Lernen darf es sowohl Fortschritte als auch Rückschritte geben [daher die äußere Form der Spirale!].

Lernen ermöglicht die Entfaltung der Gattungsmäßigkeit und je nach Art des Zusammenwachsens der individuellen Kompetenzen zur Einheit der drei Kompetenzen einschließlich ihrer Fertigkeiten, Erkenntnisse, ihrem Grad der Bewusstheit sowie ihres Gebrauchs, entstehen sogenannte unterschiedliche Konkreszenzen bzw. Entwicklungs- und Wachstumsstufen. Neuer Stoff wird geprüft nach Bekanntem und Analogien, um diesen in den individuellen Lebenszusammenhang einmünden zu lassen. Der Antriebsmotor des Lernprozesses wird genährt durch die nach Aufklärung und Verwirklichung drängenden Lebenskräfte und Bedürfnisse. Der planende Lehrende hat demnach die Aufgabe zu bewerkstelligen, die Beziehung zwischen erwünschten und bereits gegebenen Verkehrs- und Bewusstseinsformen einerseits und zwischen Lebenskräften und -bedürfnissen andererseits abzuklären. Ziel des Lehr-/Lernprozesses ist nicht einfach Erwerb von neuem Stoffwissen, sondern das Erreichen einer neuen Konkreszenzstufe im Prozess der Subjektbildung.

Grob beschreibt die Lernspirale drei Phasen: Auf der ersten Phase bzgl. der Konfrontation geht es darum, dass sowohl der Lehrer als auch die Schüler die neue Thematik inklusive ihrer Komplexion [Verdichtung von Geschichte und Einheit von GIZ i.V.m. PIZ] deuten i.H.a. ihre Konkreszenz.

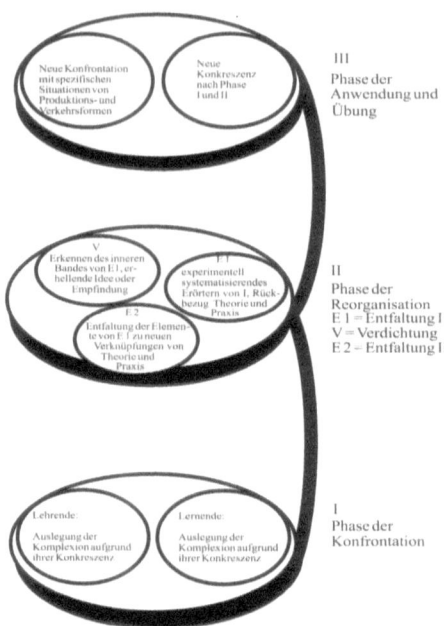

Abb. 27: Lehr-/Lernspirale (Huisinga/Lisop 1999a, S. 280)

Auf der planenden Seite muss der Lehrende das Konkreszenzangebot in dem Maße verändern, wie die Lernenden das Lernobjekt erkennen und die Lernzielbedeutung selber bestimmen können. In dieser Phase geht es um das Vergleichen, das Zusammentragen, das Sammeln von Material und dergleichen. Die Lehrperson muss in der Lage sein, systematische Bezüge im Sinne der AOEX herzustellen und den Schülern helfen, ihr inneres Band freizulegen.

Die zweite Phase ist die der Reorganisation. Sie ist determiniert durch die erste und zweite Entfaltung sowie durch die Verdichtung. Innerhalb der ersten Entfaltung erfolgt das Aufspüren sowie die Relationierung des inneren Bandes zum neu angebotenen Inhalt mittels experimentell systematisierendem Erörtern der Phase der Konfrontation. Die Lernspirale zielt im Gegensatz zum konventionellen Unterricht, welcher nach dem Einstieg zum Neuerwerb von Wissen tendiert, auf die Anreicherung und Reorganisation vorhandenen Wissens.

In der Verdichtung [Erkennen des inneren Bandes bzgl. der ersten Entfaltung aufgrund eines z.B. aufschließenden Gedankens] kommt das zentrale Lebensbedürfnis und zugleich die Perspektive seiner Befriedigung zum Vorschein.

Nach der entwickelten Verdichtung/Verknotung folgt die Bezugnahme zur Theorie und Praxis. Nun erfolgt die zweite Entfaltungsphase als nächste Wissenserwerbsphase i.H.a. Herstellung neuer Zusammenhänge und Organisation der Konkreszenz auf neuer Ebene. In der dritten Phase der Anwendung und Übung erfolgt die Festigung des neu Erworbenen, welches sich in der erweiterten Konkreszenz niederschlägt, und zugleich eine neue Konfrontation aufgrund aufgeworfener Fragen erlaubt (vgl. Lisop/Huisinga 1994, S. 208-224).

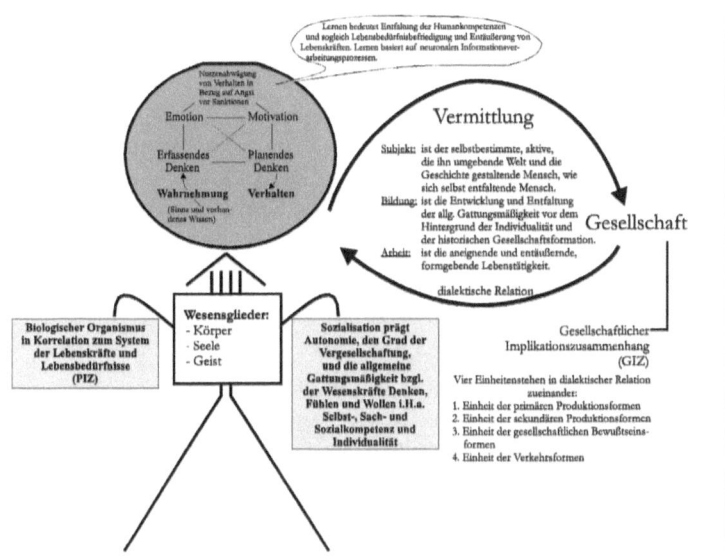

Abb. 28: Gesamtüberblick im Bezug auf Vermittlung zwischen Individuum und Gesellschaft vor dem Hintergrund der AOEX (in Anlehnung Lisop/Huisinga 1994, S. 131-224 und an Abb. 1)

3.4.4 Anforderungen an die Lehrerprofessionalität

Auch der Lehrende soll vor dem Hintergrund seiner/ihrer eigenen Biographie, seiner/ihrer eigenen Selbst-, Sach- und Sozialkompetenz sowie der Verschränkung von Lebenskräften und -bedürfnissen im Spiegel des GIZ lernen, seine/ihre Professionalität zu verbessern.

Generell sprechen Lisop/Huisinga davon, dass:

- Lehrverhalten lernbar ist und einem Menschen nicht in die Wiege gelegt ist.
- Unterricht ein dynamisch verlaufender kommunikativer Prozess ist und kein durchprogrammierter Prozess, ergo fordert dies vom Leh-

renden Fähigkeiten zur Metakommunikation und Sensibilisierung für Gruppengeschehen.
- Lehrende zwischen Zielen, Inhalten, Verfahren und Subjekt vermitteln soll, d.h. zwischen objektiven Erfordernissen und individuellen Ansprüchen.
- Selbst-, Sach- und Sozialkompetenz überall dort notwendig sind, wo menschliches Miteinander und freie Entscheidungen zum Tragen kommen.
- Lehrende zur kritischen Selbstreflexion und Selbstbetroffenheit befähigt sein sollen, und innerhalb der eigenen pädagogischen Arbeit eine Verknüpfung der Selbsterfahrung und des Theoriestudiums einbinden sollen.
- Lehrende eine kritische Sichtweise bzgl. der Wahrnehmung des eigenen und des Schülerverhaltens entwickeln sollen.
- Lehrende in der Lage sein müssen im praktischen Umgang mit Ambiguitätstoleranz, Frustrationstoleranz und Rollendistanz.
- Lehrende ihr Entscheidungs- und Optimierungshandeln generell i.H.a. Entwicklung und Entfaltung des Subjekts optimieren sollen unter Nutzung operationalisierbarer Instrumente für pädagogisches Planen, Prozessbegleiten und Bewerten.
- Lehrende über ein Spektrum an methodischen Detailwissen verfügen müssen und befähigt sein sollen, Gegenstandsbereiche in Theorie und Praxis zu durchleuchten sowie Allgemeines und Besonderes in ihrer Beziehung zueinander zu erkennen (vgl. Lisop/Huisinga 1994, S. 35-44).

4 Kritisch vergleichende Erörterung didaktischer Modelle und neurobiologischer Erkenntnisse

Nachdem im vorangegangenen Kapitel drei verschiedene didaktische Modelle erörtert wurden, kommt es in diesem Kapitel zur kritischen Gegenüberstellung dieser didaktischen Modelle im Vergleich zu den lehr- und lernbiologischen Forderungen und Kritiken der Autoren Vester und Hüholdt. Es gilt die Frage zu beantworten, wie innerhalb der didaktischen Ansätze auf das Thema Lehren und Lernen eingegangen wird, welche Faktoren Lernen ermöglichen und fördern bzw. welche Faktoren und Bedingungen Lernen hemmen, und ob innerhalb dieser didaktischen Ansätze eine Berücksichtigung neurobiologischer Kenntnisse und Forderungen zu finden ist oder nicht.

	Didaktikmodelle				
	Neurobiologie		Bildungstheoretische Didaktik	Lehr-/Lerntheoretische Didaktik	Didaktik der AOEX
	Vester	Hühold			
Allgemein	Forderung nach integrativer Analyse von Lernproblemen durch verschiedene Fachgebiete wie der Neurobiologie, der Psychologie, der Soziologie und der Pädagogik.				Exemplarik verlangt nach fächerübergreifenden Unterricht, welches den ganzheitlichen Zugang zu Lebensbereichen erschließt [ähnlich Vester].
	Lehrende verfügen generell über zu wenig lernbiologische Kenntnisse und mangelnde Kenntnisse über das Vorhandensein von verschiedenen Lerntypen.				Exemplarik hat eine Langzeitwirkung und wirkt zeitsparend [Vester, Hühold, Wagenschein, Klafki].
	Zusammenspiel aller Glieder unseres Lebensraumes erkennen und sinnvoll nutzen.				Exemplarik ist immer ganzheitlich und bezieht den ganzen Menschen ein.
Forderung	Schulatmosphäre bzgl. der Außen- und der Innenarchitektur: Gefordert wird eine erlebnisreiche Atmosphäre zur Förderung des Lernens.				

	Didaktikmodelle			
Neurobiologie				
Vester	Hüholdt	Bildungstheoretische Didaktik	Lehr-/Lerntheoretische Didaktik	Didaktik der AOEX
Biologische Funktion des Spiels: Lernen und Spielen korrelieren miteinander. Spielen verbessert die Kooperation des Miteinanders und ermöglicht ein gefahrloses Ausprobieren der Realität.	Zweites lernökybernetisches Gesetz ist das Offenheitsprinzip und behandelt die Korrelation emotionaler, kognitiver und sozialer Faktoren.	Einndeckendes Lernen im exemplarischen Unterricht wirkt zunehmend motivierend, spricht verschiedene Sinne sowie Lerntypen an und ermöglicht ganzheitliches Sehen und Verstehen von Gesamtzusammenhängen.		Sinneswahrnehmung ist ein zentraler Punkt im PIZ und ist sowohl biologisch als auch psychologisch und sozialisatorisch geprägt.
Neugierde im Unterricht zu erwecken kompensiert negative Hormonlage im Körper, die das Lernen blockiert.	Lernen ist eingebettet in Begleit- und Nebenumstände [Vester].			Lernstörungen: Entstehen durch Sinnesstörungen und führen zu Wahrnehmungs-, Motivations- und Lernstörungen.
Lernspaß und Erfolgserlebnisse sind förderlich, da Unterrichtsstoff besser und schneller im Gehirn verankert wird.	Das vierte Gesetz beinhaltet das Umschlagen von Fremd- in Eigenmotivation.			Lernstörungen: Lernabwehr mittels tiefenpsychologischer Abwehrmechanismen aufgrund von Angst vor Versagen und negativer Erfahrungen.
Lernen ist generell verbunden mit Begleit- bzw. Sekundärassoziationen, die für das Speichern mitentscheidend sind.	Das fünfte Gesetz ist das Ökonomieprinzip: Vernetzung von Gelerntem, damit Neues an die alte Struktur anknüpfen kann [Vester].			Unterrichtsstörungen: Codierter Wunsch nach Einmündung des Stoffes in den PIZ.
	Das sechste Gesetz ist das Proportional- und Potenzierungsgesetz und bedeutet, dass mit zunehmenden Motivationen auch Lernleistung und Lernerfolg zunehmen.			Lernen meint Entfaltung, Aneignung, Wachstum, Einbindung und Umwandlung. Lernen ist weiterhin Subjektbildung, Entfaltung und Weiterentwicklung der Konkreszenz und bedeutet Bedürfnisbefriedigung und Einäußerung von Lebenskräften [Lernen ist positiv, d.h. Zugewinn an Lebensqualität].

	Didaktikmodelle			
Neurobiologie	Bildungstheoretische Didaktik	Humboldt	Lehr-/Lerntheoretische Didaktik	Didaktik der AOEX
Vester				
L e r n e n		Das 10. Gesetz der Symbiose: Gemeint ist gruppendynamisches Lernen, bei dem jeder von jedem profitiert und Schüler sowohl Lernen als auch Lehren können.		Lernen kann auch negativ behaftet sein, wenn der Lerngegenstand der Realisierung von Lebenskräften und -bedürfnissen entgegen steht [Lernabwehr].
		Das 11. Gesetz des Doppeleffektes meint, dass Erfolg weiteren Erfolg verstärkt und dass mit Zunahme der Erfolgserlebnisse auch die Grenze für tolerierbaren Misserfolg steigt.		Lernen ist generell eine treibende Kraft, die nach höherer Entwicklung und Entfaltung der Kräfte und Bedürfnisse strebt.
		Das 12. Gesetz der gegenläufigen Selbstverstärkung besagt, dass einmal der positive und ein anderes Mal der negative Selbstverstärker überwiegt.		Lernen basiert auf neuronaler Informationsverarbeitung, welcher von der Verknotung von Umschaltstellen abhängig ist sowie von der emotionalen Bewertung.
		Das 13. Gesetz der Zeitverschiebungen: Bei kurzfristigen Lernerfolgen können negative Verstärker dominieren, daher sind langanhaltende Erfolge wesentlich.		
		Das 14. Gesetz der Zeitbeschleunigung besagt, dass tiefes, emotionales Erleben zu beschleunigten Lernprozessen führt [Vester].		

	Neurobiologie		Didaktikmodelle		
	Vester	Hüholdt	Bildungstheoretische Didaktik	Lehr-/Lerntheoretische Didaktik	Didaktik der AOEX
U	Skelett vor Detail: Darstellung des Gesamtzusammenhangs mit Bezug zu Alltagserfahrungen.	Unterricht soll impulsgebend auf die Schüler wirken. Impulsorientierter Unterricht. Ganzheitlichkeit und Verbinden von neuem Wissen mit altem Wissen.	Vom inhaltlichen und methodischen Standpunkt aus soll der Bezug zur Schülerrealität geknüpft werden: Feststellen der Gegenwarts- und Zukunftsbedeutung.	Systematische Unterrichtsanalyse und Aufteilung in entsprechende Felder wird vorgenommen. Zur Intentionalität: Lernziele werden definiert, die das Denken, Handeln und Fühlen der Schüler berühren.	Dynamik des Lernprozesses ist abhängig vom PIZ in Verbindung mit dem GIZ.
n t e r r i	Interferenz meiden: Z.B. Erklären auf verschiedene Weisen innerhalb kurzer Zeit.	Anschaulichkeit und Gesamtzusammenhang erschließen sich aufschließende Kraft für das Verstehen den Schülern mittels geschichtlichem Bezug der Thematik.	Lernziele definieren, welche eine aufschließende Kraft für das Verstehen von Gesetzen, Zusammenhängen usw. haben.	Lernziele beinhalten Wissensdimensionen: Es kann sich von Kenntnisnahme bis zur Überzeugung und Lebensgestaltung erstrecken.	Lehr- und Lernabläufe: Nicht linear und gestuft, sondern spiralförmig und verknotend.
c h t s	Erklärung vor Begriffsnennung; Erklärung von Zusammenhängen und Tatsachen weckt Assoziationen und Neugier.	Institutionelle Rahmenbedingungen müssen verändert werden wie z.B. der 45-Minuten-Unterricht.	Zum Schluss der Unterrichtsplanung wird die schrittweise Abfolge des Lehr- und Lernprozesses sowie die Gestaltung der Interaktionsformen bestimmt.	Unterrichtsgegenstand (bzgl. Denken, Handeln und Fühlens der Schüler) muss derart formuliert werden, dass Schüler ihn nicht als fremd empfinden [Vester].	Institutioneller Unterrichtsrahmen: 45-Minuten-Unterricht widerspricht Lernpsychologie Lernende brauchen genügend Zeit zur Aneignung [Hüholdt, Wagenschein].
p l a n u n	Zusätzliche Assoziationen mittels veranschaulichenden Beispielen und Nutzung von mehreren Eingangskanälen.	Verschiedene Lerntypen sind vorhanden und müssen bei der Planung und Lernen in der didaktischen Praxis: berücksichtigt werden [Vester].	Gefordert wird exemplarisches Lehren und Lernen in der didaktischen Praxis: Dafür braucht es Themen mit aufschließender Kraft.	Einzelne Unterrichtsschritte werden bestimmt: Ganzheitliche und synthetische Verfahren stehen gleichberechtigt neben direkten Verfahren und der Projektmethode.	Spiralmodell des Lernens: Jede Erkenntnisebene bedeutet eine Basis für weitere Erkenntnisebene. Gleichzeitig sind Fortschritte und Rückschritte im Lernprozess genehm.
g	Lernspaß und Erfolgserlebnisse fördern, da Stoff besser und schneller im Gehirn verankert wird.	Das siebente lernkybernetische Gesetz handelt von der richtigen Dosierung, d.h. keine Über- oder Unterforderung.	Exemplarisches Lernen und Lehren fördert Synergieeffekte auf andere Fachgebiete.	Analyse und Planung sollen folgende Stufen enthalten: Stufe der Motivation, der Schwierigkeiten,	Lehrer muss zwischen individuellen Ansprüchen der Schüler [PIZ] und den objektiven Ansprüchen [GIZ] vermitteln.
	Viele Sinne ansprechen zum Wecken von Assoziationen, Aufmerksamkeit und Motivation.	Das neunte Gesetz ist das Gesetz des geringsten Lernwiderstandes, d.h. der planende Lehrer muss jene lernbiologischen Regeln berücksichtigen.	Exemplarischer Unterricht ermöglicht aktiven Realitätsbezug mit Hilfe von Erforschungen, Experimenten usw.	der Lösung, des Tuns und des Ausführens, des Behaltens, des Einübens und letztlich die Stufe des Bereitstellens, der Übertragung und der Integration.	Berücksichtigung der drei Phasen: 1. Phase betrifft die Konfrontation eines Themas in seiner Komplexion i.H.a. die Konkreszenz von Schüler und Lehrer.

	Neurobiologie		Didaktikmodelle		
	Vester	Hühold	Bildungstheoretische Didaktik	Lehr-/Lerntheoretische Didaktik	Didaktik der AOEX
Unterr...	Wiederholung von neuem Lernstoff in Abständen fördert das Speichern sowie eine dichte Verknüpfung.	Das dritte lernkybernetische Gesetz ist das Prinzip des positiven Impulses und bedeutet in der didaktischen Praxis, zuerst mit Bekanntem zu beginnen, mit Leichtem weiter zu machen und in Teilschritten voranzugehen.	Im exemplarischen Unterricht erworbenes Wissen bedarf Übungen und Anwendungen.	Bei der Planung muss sich der Lehrende vorher klar werden, wie sich das ausgesuchte Thema auf den Erfahrungs- und Wissenshorizont der Schüler auswirkt.	2. Phase der Reorganisation betrifft die erste und zweite Entfaltung und Verdichtung. Entfaltung I: Aufspüren des inneren Bandes und Relationierung des inneren Bandes zum neuen Thema. Verdichtung meint das Hervortreten des Lebensbedürfnisses und seiner Aussicht auf Befriedigung. Entfaltung II: Herstellung neuer Zusammenhänge und Konkreszenzorganisation.
	Medien wie z.B. Bücher einsetzen, welche die Schüler erreichen.	Das erste lernkybernetische Gesetz betrifft das Prinzip der Selbstverstärkung und meint die Wiederholung von spannungsabbauendem Verhalten.	Sinnvolles Curriculum: Eingrenzen von Stoff, da sonst zu schnell abgearbeitet und beziehungslos gelernt wird [Vester].		3. Phase der Anwendung und Übung bedeutet Festigung und zugleich neue Konfrontation.
Sinnplanung	Sinnvolles Curriculum wird gefordert: Mit Realitätsbezug und Förderung nach ganzheitlichem Verstehen unter Berücksichtigung bildhafter Erfassens. Das Curriculum soll nach Lernzielen gegliedert sein und nicht nach Fachsystematik. Bezüglich der Lernziele hat es zu gelten, dass ihre Bedeutung den Schülern zu jedem Zeitpunkt ersichtlich sein sollten, damit die Schüler diese Lernziele mit bereits vorhandenem Wissen verbinden können.	Generell schlägt Hühold vor im Rahmen des achten Gesetzes der zeitlichen Anpassung und Eingliederung von Dosierungseffekten in der lernmethodischen Praxis folgendermaßen vorzugehen: Von Bekanntem zum Unbekannten, von Leichtem zum Schwierigen, von Knappen zum Umfangreichen und vom Langsamen zum Schnellen.	Wichtig für den Unterrichtsablauf: Das Thema muss Neugier, Aufmerksamkeit und Emotionen wecken. Damit dies realisiert werden kann bedarf es eines anderen zeitlichen Unterrichtsrahmens als den 45-Minuten-Unterricht [Hühold].		Notwendige Lehrerkompetenzen: Metakommunikation [Sensibilisierung für Gruppenabläufe], vermitteln zwischen Zielen, Inhalten und Verfahren i.H.a. das Austarieren zwischen individuellen und objektiven Ansprüchen, kritische Selbstreflexion und Betroffenheit, Einbinden von Selbsterfahrung und Theoriestudium, kritische Bewertung von eigenem und fremdem Verhalten, Ambiguitäts- und Frustrationstoleranz, Rollendistanz, sorgen für optimale Subjektentwicklung, methodisches Detailwissen und Wissen über Themenstruktur

Neurobiologie		Didaktikmodelle		
Vester	Hüboldt	Bildungstheoretische Didaktik	Lehr-/Lerntheoretische Didaktik	Didaktik der AOEX
Autoritärer Unterrichtsstil fördert Angst und Denkblockaden und sollte vermieden werden.	Die Verpackung der Methode muss positiv sowie die Verkündigung der Methode, der Stoff und seine methodische Entwicklung ebenfalls. Es sind möglichst viele Sinne zu nutzen.	Nötig sind ausreichende Zeit zum Lernen und genügend Wiederholungen, um neuen Stoff zu begreifen, der den Schüler vorher ergriffen hat [Hüboldt, Vester].		Die Unterrichtsplanung unter Berücksichtigung des DIZ fragt nach der Relevanz des Stoffes im späteren Leben der Schüler [Bildungstheoretiker].
Unterrichtsthemen sollen Vernetzungen in der Realität offen legen, damit Schüler befähigt werden, für Probleme Lösungen zu finden.		Thematischen Ausgangspunkt bestimmen, der den Schülern den Zugang zum Ganzen einer Thematik erschließt [Hüboldt, Vester].		Die Unterrichtsplanung muss vor dem Hintergrund der Wechselwirkungen der Instrumente GIZ, PIZ, Lehr- und Lernspirale sowie DIZ erfolgen.
Schüler sollen befähigt werden, verschiedene kognitive Leistungen zu vollbringen, wie z.B. das Bilden von Analogien, logisch zu denken, abstrahieren zu können etc.		Gründlichkeit, Spontaneität und Selbsttätigkeit der Schüler in kleineren Klassenstärken wird im exemplarischen Unterricht gefordert.		Unterrichtsplanung kann in drei Schritte unterteilt werden: 1. Schritt: Einstieg ins Thema durch Wecken von Neugier, Anknüpfung an vorhandenes Wissen sowie Kreativität.
Im Unterricht soll Teamarbeit verstärkt gefördert werden, da sie der menschlichen Natur entspricht und Erfolgserlebnisse fördert.		Im geschichtlichen Zusammenhang soll eine Thematik begriffen werden. Der Schüler als >Wiederentdecker< [Hüboldt].		2. Schritt: Erarbeitung von Kenntnissen und Fähigkeiten i.H.a. Praxis und allgemeine Erkenntnis.
Einstellung zum Fehler im Unterricht: Es ist wichtig zu zeigen, inwieweit der Fehler vom richtigen Ton abweicht.		Von Fehlern lernen stellt ein wichtiges Moment dar [Vester].		3. Schritt: Übertragung und Anwendung von neuem Wissen.
Neuen Stoff mit bekanntem Wissen verpacken, um Lernstress vorzubeugen und Assoziationen zu ermöglichen.		Bzgl. der didaktischen Praxis: Nicht immer vom Leichten zum Schwierigen vorangehen, sondern auch beim Komplizierten beginnen, damit darin das Bekannte entdeckt wird.		

Abb. 29: Tabellarische Übersicht bzgl. Lernen und Lernbedingungen sowie Unterrichtsplanung

Vesters und Hüholdts Kritik und Forderungen richten sich an die bisher bestehende Unterrichtspraxis sowie die institutionellen Rahmenbedingungen und sind sich in den Grundzügen recht ähnlich. Kurz können ihre obigen Forderungen folgendermaßen umrissen werden: Integrative Arbeit mehrerer Disziplinen an dem Problemfeld Lernschwierigkeiten, stärkere Berücksichtigung der Rahmenbedingungen [Schulatmosphäre, Begleitumstände beim Lernen, Kritik am 45-Minuten-Takt], sinnvolles Curriculum [weniger Stoff, dafür besser verstandener Stoff] mit stärkerer Vernetzung sowie Bezug zur Realität und Nutzen des Lebensraumes, ganzheitliches Lernen und Lehren, beim Lernprozess die Regeln bzw. Gesetze der Lernbiologie und Kybernetik als Lehrender mitbeachten und v.a. Unterrichtsplanung an der Lernbiologie ausrichten. Dabei sollen die lernbiologischen Regeln zum tragen kommen, insofern die Methodik- und Medienplanung positiv auf die Schüler wirkt, mehrere Sinne und damit Eingangskanäle anspricht, Impulse wie Neugier, Aufmerksamkeit, Interesse und Motivation weckt, die geschichtliche und ganzheitliche Einbettung einer Thematik ermöglicht [in welcher sich der Schüler mit seiner Person und seinem Wissens- und Erfahrungsschatz einbringen kann], Gruppenarbeit erlaubt, Verstärkungsmechanismen beim Lernen berücksichtigt und erlaubt [positive wie negative Verstärker] und letztlich den Unterricht damit lebendiger und wirklichkeitsnäher gestaltet. Ganzheitlichkeit bedeutet, in bezug auf die biologischen Voraussetzungen der Lernenden zu berücksichtigen, wie das Zusammenspiel von Gehirnzellen und Gedächtnis in Abhängigkeit von emotionaler Gewichtung einer Thematik und vom Hormonsystem sowie den psychischen und weiteren Bedingungen [Lernumgebung, mitgespeicherte Informationen sogenannte Sekundärinformationen, verschiedene Lerntypen etc.] Einfluss auf den Lernprozess nehmen (vgl. Hüholdt, 1993, S. 95-129, 348-377; vgl. Vester, 1997, S. 114-192).

Ganzheitlichkeit in bezug auf den Unterrichtsgegenstand meint v.a. die Einbettung eines Themas in sein Gebiet, sein geschichtliches Werden, seinen Realitätsbezug, sein Anknüpfen an vorhandenes Wissen und seinen Bezug zu anderen Fächern.

Ganzheitlichkeit bzgl. Unterrichtsgegenstand und didaktischer Praxis richtet sich auf:

- die methodische [Neues alt verpacken, in kleinen Schritten vorangehen etc.] Ausführung,
- die mediale [Forderung nach lernbiologischen und Lerntyporientierten Büchern] Darstellung,
- die Einbettung des Stoffes im Gesamtzusammenhang [Geschichtlichkeit und Gesamtüberblick über ein Themengebiet siehe Skelett vor Detail],

- den Bezug zur Realität und den Nutzen für die Praxis,
- die Durchführung von mehr Gruppenarbeit,
- den Erwerb und die Umsetzung lernbiologischer Kenntnisse [biologische Prozesse beim Lernen und Vorhandensein verschiedener Lerntypen] in der Unterrichtsplanung,
- die Berücksichtigung der Vorteile des spielerischen Lernens,
- die Unterlassung jeder Form autoritären Unterrichts, da dieser Unterrichtsstil Angst und damit Denkblockaden [negative Hormonausschüttung] provoziert,
- einen impulsgebenden Unterricht [weckt Assoziationen von Bekanntem und Bezüge zu anderen Fächern],
- das Lernen an Fehlern,
- sinnvolle Planungsschritte z.B. zuerst mit Bekanntem beginnen, dann mit Leichtem weitermachen, dabei richtig dosieren [nicht über- oder unterfordern], zeitlich richtig die Einsätze planen und den Unterricht emotional weitestgehend bewegend zu gestalten,
- eine klare Definition von Lernzielen, damit diese dem Schüler zu jedem Zeitpunkt klar sind,
- die Berücksichtigung der Lebenswelt der Schüler, ihrer Erfahrungen und Gedanken [d.h. sie bzgl. der im Unterricht bearbeitete Thematik ernst zu nehmen],
- die positive Verpackung von Lernstoff, das Ansprechen vieler Kanäle der Schüler sowie das Wecken von Lernspaß und -motivation,
- das Anbieten von Erklärungen von Zusammenhängen und nicht zuerst auf die Nennung abstrakter Begriffe und Formeln zu zielen, die auf den Schüler zusammenhangslos wirken,
- das Einfügen von Wiederholungen in sinnvollen Abständen, Vermeidung von Interferenz, d.h. ein Thema binnen kurzer Zeit auf mehrere Weisen erklären [verwirrt die Schüler und führt zu Denkblockaden seitens der Schüler].

Bezugnehmend auf die Lernformen oder -arten verlangt Vester ausdrücklich die Ausbildung kognitiver Leistungen wie analytisch, abstrahierend und flexibel zu denken. Er als auch Hüholdt beschreiben Experimente zum Thema Lernen [z.B. Lernen durch Lust oder Ratten im erlebnisreichen Käfig mit mehr Hirnrinde] und benennen kognitive Leistungen, aber sie treffen weder Unterscheidungen bzgl. der Stufen der Lernformen wie die Psychologen noch gehen sie konkreter darauf ein, wie genau ein höhere kognitive Stufe bzw. höhere kognitive Fähigkeiten im Unterricht erreicht werden können. Man kann sagen, dass sie an diesem Punkt stehen bleiben.

Dagegen beschäftigen sich z.b. Didaktiker der Lehr-/Lerntheorie und der AOEX intensiv mit der Frage, wie sich die kognitive Entwicklung der Lernenden gestaltet und welche höhere kognitive Ebenen es gibt bzw. wie der Lehrer richtungsweisend und unterstützend die Schüler auf diese Ebenen bringen kann.

In der Didaktik der AOEX muss sich der Lehrende bewusst machen, welche Fähigkeiten, welches Wissen und Verstehen die Lernenden erwerben müssen. Diese Frage muss vor dem Hintergrund des angestrebten Bildungs- bzw. Berufsabschlusses gestellt und beantwortet werden. Wie beschrieben wird zwischen dem PIZ und dem GIZ vermittelt. Für die Unterrichtsplanung seitens des Lehrenden muss der Stoff mit den entsprechenden Verfahren als Veränderungsangebot von den Lernenden erkannt und aufgenommen werden. Die Lernenden legen den neuen Stoff auf vier Arten aus:

- hinsichtlich des Gebrauchswertes des neuen Wissens [gemeint sind Bewusstseinsformen des GIZ mit Fachwissen, Werten und Theorien],
- hinsichtlich des Gebrauchswertes beim konkreten Handeln auf den operativen Ebenen [gemeint sind Verkehrsformen des GIZ mit praktischem Können, Sprachformen und Methoden],
- hinsichtlich des Gebrauchswertes in einzelnen Arbeits- bzw. Wirtschaftsbereichen oder Abteilungen und Organisationen [gemeint sind die Produktionsformen des GIZ]
- und in bezug auf ihr System der Lebenskräfte und -bedürfnisse des PIZ (vgl. Lisop/Huisinga 1999b, S. 209).

Vor dem Hintergrund der Lernfelderdiskussion wurde auf das Thema wie das Wissen, die Fähigkeiten und die Erkenntnisse zu erwerben sind, eingegangen und dieses Themenfeld methodisch neu strukturiert. Anhand des Beispiels >kaufmännischer Berufsausbildungen< galt es, sieben didaktische Ebenen der Lernfeldorientierung miteinander zu verschränken: Die fachwissenschaftliche Ebenen der Ökonomie, Ökologie, Recht, Technik und Sozialwissenschaften; die sich in der Realität abspielenden gesellschaftspolitischen Interessen und Konflikte; organisatorische, leistungsbezogene, ablaufbezogene kulturelle Gesamtprozesse im Betrieb; entsprechende beruflich geforderte Arbeitsoperationen; Erfahrungsebenen der Lernenden in ihrer Arbeitswelt; die Reflexivitätsebene und letztlich die Ebene der Methoden [Handlungsorientierung und dem Sechsschritt der Handlung] (vgl. Lisop/Huisinga 1999b, S. 165).

Gegliedert wurde die Vermittlung von Wissen, Fähigkeiten und Erkenntnissen in drei Lernfelder, nämlich in den Basis-Lernfelder, in den arbeitspraktischen Transfer-Lernfelder und in den Lernfelder subjektbezogener besonderer Qualifikation. Alle drei Lernfelder-Typen verschränken sich ineinander. In den Basis-Lernfelder wird eine grundlegende Vermittlung von fachwissenschaftlichen Inhalten angestrebt mit dem Blick auf die Leistungsprozesse von Betrieben, sachlicher und räumlicher Gliederung in den Betrieben, auf die Typologie des Betriebs/Büros sowie auf Gesellschaft und Wirtschaft [gemeint sind z.b. Grundzüge der Volkswirtschaftslehre und der Technisierung der Gesellschaft]. Daneben finden auch soziale Prozesse und Erfahrungen der Lernenden in den Basis-Lernfeldern Einklang. In den arbeitspraktischen Transfer-Lernfeldern geht es um die Vermittlung des berufsbezogenen Wissens, der Fähigkeiten und der Kenntnisse, die der Lernende können muss. Hier werden Arbeitsprozesse im Ansatz simuliert, z.B. wie sich die elektronische Datenverarbeitung gestaltet. Während in den ersten beiden Lernfeldern die Vermittlung verstärkt auf das Fachwissen und -können und damit auf die Sachkompetenz abzielt, rücken die Lernfelder subjektbezogener besonderer Qualifikationen v.a. die Ausbildung von Sozial- und Selbstkompetenz in den Mittelpunkt. Diese Lernfelder beschäftigen sich z.B. mit Gestaltung des Sozialklimas und mit Umgangsformen (vgl. Lisop/Huisinga 1999b, S. 184-186).

Auf den ersten Blick kann man beim Bearbeiten der didaktischen Ansätze erkennen, dass sich diese vordergründig mit der objektiven Unterrichtsanalyse und -planung und der ganzheitlichen Sichtweise des Menschen im Wirkungsfeld verschiedener Einflussgrößen beschäftigen, dabei aber nicht vergessen, auf die Faktoren, die Lernen ermöglichen und befördern bzw. behindern können, einzugehen.

Analogien und ähnliche Vorstellungen und Forderungen bzgl. der Unterrichtsqualität lassen sich in den didaktischen Modellen finden, was letztendlich bedeutet, dass eine Passung zwischen der Neurobiologie und der Didaktik expressis verbis und potentiell möglich und in der Unterrichtspraxis realisierbar ist. Folgende Punkte bzgl. der drei Didaktikmodelle offerieren Schnittstellen zu den oben aufgeführten Punkten der Neurobiologen.

Die bildungstheoretischen Didaktiker fordern im Einklang mit den Neurobiologen folgendes zur Unterrichtsgestaltung:

- Ausgehend vom Inhalt und der Methodik muss der Bezug zur Schülerrealität geknüpft werden.
- Lernziele definieren, die v.a. eine aufschließende Kraft für das Verstehen von z.B. Zusammenhängen haben und mittels Synergieeffekte auf weitere Fächer ausstrahlen.
- Mögliche Unterrichtsgestaltung: Entdeckendes Lernen im Rahmen des exemplarischen Unterrichts, da diese Art motivierend ist, viele

Sinne und Lerntypen anspricht sowie ganzheitliches Sehen und Verstehen von Zusammenhängen ermöglicht.
- Sinnvolle Wiederholungen und Übungen von neuem Wissen, die im exemplarischen Unterricht erworben wurden.
- Exemplarischer Unterricht durch Experimente, Entdeckungen, Erforschen erlaubt aktiven Wirklichkeitsbezug.
- Eingrenzen der Stofffülle, da Stoff zu oft beziehungslos und im schnellen Tempo abgehandelt wird [sinnvolles Curriculum].
- Thema muss Neugier, Aufmerksamkeit und Emotionen wecken und den Zugang zum Ganzen des Themengebietes erschließen.
- Andere institutionelle Rahmenbedingungen, d.h. z.B. keinen 45-Minuten-Unterricht.
- Mehr Schüleraktivität fördern in bezug auf Selbsttätigkeit, Spontaneität und Gründlichkeit.
- Geschichtliche Einbettung des Themas im Unterricht nutzen [der Schüler als Wiederentdecker von bestehenden Regeln].
- Von Fehlern zu lernen.

Die Unterrichtsgestaltung der lehr-/lerntheoretischen Didaktiker sieht in Anlehnung an die Neurobiologie folgendermaßen aus:

- Starke Berücksichtigung des Unterrichtsgegenstandes und damit der Lernziele: Lernziele sollen die Schüler i.H.a. ihr Denken, Fühlen Handeln und v.a. ihre Erfahrungswelt berühren [Lernziele dürfen nicht als fremd empfunden werden]. Sie besitzen Wissensdimensionen, die den Schülern sowohl die Kenntnisnahme von Wissen als auch die Erkenntniszusammenhänge erschließen.
- Unterrichtsverlauf in einzelne Schritte gliedern und Auswahl des methodischen Verlaufs [z.B. ganzheitliche Verfahren, Projektunterricht] treffen.
- Unterrichtsplanung sollte folgende Stufen enthalten: Stufe der Motivation, der Schwierigkeiten, der Lösung, des Tuns und des Ausführens, des Behaltens, des Einübens, des Bereitstellens, der Übertragung und der Integration.

Der Unterrichtsverlauf und alle in ihm zu berücksichtigenden Faktoren der Didaktik der AOEX gestalten sich im Einklang mit der Neurobiologie wie folgt:

- Exemplarik fordert fächerübergreifenden Unterricht mit einem ganzheitlichen Zugang zu allen Lebensbereichen.
- Die exemplarische Ganzheitlichkeit hat immer den Menschen als Ganzes im Blickpunkt; dies schließt seine innerpsychischen und seine biologischen Lebensprozesse beim Lernen ein.
- Der Schüler spiegelt sich im Faktorgefüge der Instrumente der AOEX und ihrer wechselseitigen Wirkungen einschließlich seiner Forderungen nach Bildung, Bedürfnisbefriedigung und Entäußerung von Lebenskräften [schließt seine Sozialisation, seine Alltagswelt und seinen biologischen Organismus ein] und verlangt demnach Berücksichtigung bei der Themengestaltung.
- Lernen ist abhängig von neuronaler Informationsverarbeitung sowie von emotionaler Bewertung bzgl. der Stoffrelevanz.
- Unterrichtsplanung sollte drei Stufen enthalten: a) Einstieg in das neue Thema durch wecken von Neugier, Verbindung mit Bekanntem und Kreativität. b) Kenntnisse, Fertig- und Fähigkeiten erarbeiten bzgl. Lebenspraxis und Erkenntnis. c) Übertragung und Anwendung von neuem Wissen durch Üben.
- Gefordert wird ein anderer institutioneller Rahmen: Kein 45-Minuten-Unterricht, dafür genügend Zeit zum Begreifen eines Themas.
- Lernprozess erlaubt Fortschritte und Rückschritte, ähnlich den positiven [lernförderlichen] und negativen [lernhemmenden] Verstärkern.
- Lehrender muss zwischen den Schülerwünschen und den inhaltlichen Anforderungen eine Verbindung schaffen.
- In der Phase des Lehr- und Lernverlaufs muss der Lehrer die Schüler bzgl. der für sie typischen zugänglichen Art erreichen [ihre Art wahrzunehmen ist geprägt durch eigene Sozialisation, Körperlichkeit ihrer Sinne sowie ihrer Psyche], in Konfrontation mit ihnen und dem Stoff treten und genügend Übungs-, Anwendungs- und Übertragungsmöglichkeiten geben, um ihnen neues Wissen in bezug auf ihre Bedürfnisse, Wünsche und Alltagserfahrungen näher zu bringen.
- Lernstörungen können physiologischer Natur sein z.B. durch Störungen im Sinnesapparat. Lernstörungen entstehen aber tiefenpsychologisch gesehen durch Angst vor Versagen sowie negativer Erfahrung und äußern sich in Abwehrhaltungen.

5 Optimierung des didaktischen Implikationszusammenhangs in Verbindung mit neurobiologischen Erkenntnissen

Aus der Lernbiologie können in Anlehnung an die Erkenntnisse von Vester folgende Punkte zur Optimierung des didaktischen Implikationszusammenhangs von Zielformulierungen, Stoffauswahl und Zuschnitt i.H.a Lebens- und Lernerfahrung sowie Methodenwahl bei der Vorab-Unterrichtsplanung Einklang finden:

- Die Berücksichtigung körperlicher Funktionen, die bei der Lernabwehr neben psychischen Ursachen eine Rolle spielen. Gemeint sind Störungen im Sinnesapparat und Ausschüttung von Adrenalin und Noradrenalin, die Denkblockaden verursachen. Gefühle und Gedanken sind immer begleitet von physischen Reaktionen und dürfen nicht isoliert betrachtet werden, will man die Grundlage geistiger Entfaltungsmöglichkeiten des Menschen vor dem Spiegel des Gesamtzusammenhangs von Körper, Seele und Geist verstehen (vgl. Vester 1997, S. 115).
- Die Berücksichtigung der menschlichen Entwicklung, weil jeder Mensch im Laufe seiner frühen Kindheit ein Grundmuster an neuronaler Struktur in Verbindung mit Erbanlagen sowie Umwelt als Lernpartner und in diesem Zusammenhang eine Ausprägung einzelner Sinne/Kanäle und damit seine Lerntyp-Ausrichtung ausbildet. Dabei gilt es, die Existenz verschiedener Lerntypen in der Unterrichtsplanung einzubeziehen. Es muss aber bedacht werden, dass unabhängig der Methoden- und Medienwahl in einer Klasse nicht jeder Lerntyp zu bedienen ist.

Die Unterrichtsanalyse und Planung sollte folgende Punkte beinhalten, die als Vesters Erkenntnisse auf Grundlage der Lernbiologie auf die Didaktik zu beziehen sind:

a) Das Prüfen von Medien, die angewandt werden sollen. Dabei ist bei vielen Schulbüchern Vorsicht geboten, da sie so konzipiert sind, dass damit kein Lerntyp angesprochen wird (vgl. Vester 1997, S. 159-168).

b) Der Unterrichtsstil sollte nicht autoritär sein, denn alles was mit Bedrohung und Angst einflößen sowie Druck mittels Notengebung zu tun hat, führt letztendlich zu negativer Hormonlage und damit zu Denkblockaden (vgl. Vester 1997, S. 142/143).

c) Die methodische Unterrichtsplanung sollte Gruppenarbeit und spielerisches Arbeiten beinhalten; diese fördern Kreativität und Lernlust (vgl. Vester 1997, S. 170/171).

d) Im Unterricht sollen verschiedene Sinne, d.h. Kanäle angesprochen werden. Der Unterricht soll so bewegend und spannend als möglich gestaltet werden (vgl. Vester 1997, S. 150-152).

e) Wichtig ist die Berücksichtigung der Schülerrealität und des Lebenszusammenhanges. Themenwahl sollte i.H.a. sinnvollen Umgang mit dem Lebensraum ausgelegt werden [starker Bezug zum Umweltschutz]. Die Themen sollen ein ganzheitliches Verstehen von Zusammenhängen und das bildhafte Erfassen der Wirklichkeit ermöglichen, das den Menschen befähigt, Gelerntes umzusetzen und die Vernetzung in der Umwelt zu verstehen. Dazu müssen die Schüler in verschiedenen Fähigkeiten geschult werden wie Muster erkennen, abstrahieren, konkretisieren etc. (vgl. Vester 1997, S. 170).

f) Aus Fehlern lernen und sie diskutieren inwieweit sie vom richtigen Denken und Tun abweichen (vgl. Vester 1997, S.171).

g) Lernziele immer genau definieren, so dass sie dem Schüler zu jedem Zeitpunkt bewusst und verständlich sind. Vor allem muss der Gehalt des Stoffes einsichtig sein, damit der Schüler Antrieb, Motivation und Aufmerksamkeit entwickelt, die neuen Sachverhalte aufzunehmen (vgl. Vester, 1997, S. 189).

h) Die Unterrichtsverfahren sollten Neugier, Aufmerksamkeit, Motivation und v.a. Assoziationen von Bekanntem wecken. In diesem Sinne gilt es, den neuen Stoff alt zu verpacken. Wesentlich sollte der Lehrende den Einfluss von Emotionen, die über das Zwischenhirn gesteuert werden, von verschiedenen Assoziationen sowie von Primär- und Sekundärinformationen beim Lernen [meint den Stoff sowie aller weiteren mitschwingenden übrigen Wahrnehmungen] bedenken (vgl. Vester 1997, S. 128, 135, 139). Damit sichert der Lehrende die Aktivierung der positiven Hormonlage, die Freude am Lernen und die Lust am Stoff zu arbeiten. Beim Wiederholen des Stoffes werden alle positiven Wahrnehmungen und Erinnerungen wachgerufen (vgl. Vester 1997, S. 155).

i) Das Skelett ist vor das Detail zu setzen. D.h. es ist zuerst eine Gesamtübersicht über das Themenfeld [Metaplan] zu offerieren, damit die Details sinnvoll eingeordnet werden können (vgl. Vester 1997, S. 190).

j) Erklärungen liefern, bevor abstrakte Begriffe eingeführt werden (vgl. Vester 1997, S. 190).

k) Das Vermeiden von Interferenz, d.h. möglichst wenige Definitionen zu einem Thema zu nennen (vgl. Vester 1997, S. 146/147, 190).

l) Viele Eingangskanäle sollen genutzt werden, damit verschiedene Lerntypen angesprochen und der Inhalt besser abgespeichert werden kann [um sehr viele Wiederholungen zu vermeiden]. Das liefert die Grundlage dafür, dass mehr Wahrnehmungsfelder und damit mehr Assoziationen für ein tieferes Verständnis und letztlich Motivation und Aufmerksamkeit geweckt werden (vgl. Vester 1997, S. 191).

Kritik sollte an dieser Stelle geäußert werden, da bestimmte Punkte in Vesters Buch zu kurz durchdacht wurden bzw. mangelnde Berücksichtigung und Eingang erfuhren, die in Lisops/Huisingas DIZ konkreter durchleuchtet und bedacht wurden. Dazu zählen sehr allgemein gehaltene Hinweise ohne Berücksichtigung der didaktischen Planungsschritte [gemeint ist der dreier Schritt in der Lehr- und Lernspirale: Hinführung zum Thema, Erarbeitung von Kenntnissen und Fertigkeiten sowie Übertragung und Anwendung]. Weiterhin fordert Vester die Schulung von kognitiven Fähigkeiten [siehe oben] ohne zu benennen durch welche Unterrichtsthematiken, Fälle, Experimente etc. diese ausgebildet werden können. Lisop/Huisinga gehen darauf konkreter ein wie im vorherigen Abschnitt am Beispiel der Lernfelderorientierung dargelegt.

Der Bezug zum Lebenszusammenhang der Schüler wird in der didaktischen Implikation berücksichtigt und in Relation zu gesellschaftlichen Ansprüchen gestellt, dabei wird die Blickrichtung verstärkt auf den Zusammenhang von Lebenskräfte und Lebensbedürfnisse im Sinne des PIZ des Menschen eingegangen; dies blendet Vester völlig aus. Die Phasen des Spiralmodells berücksichtigen detaillierter den Lehr- und Lernprozess sowie die Fort- und Rückschritte dabei und beschreiben wie sich der Lernprozess äußerlich und innerlich gestaltet, welche Konkreszenzen derjenige dadurch erreicht.

Sinnvolle Kritik von Vester an der didaktischen Praxis ist der Hinweis, nicht nur die Sinne bzgl. des Hörens und Sehens, wie es v.a. im Frontalunterricht der Fall ist, zu berühren, da dies oftmals zur Folge hat, dass neuer Stoff mehrfacher Wiederholungen bedarf, um, wenn überhaupt, abgespeichert zu werden (vgl. Vester 1997, S. 125/126).

Weniger sinnvoll, nach Meinung der Verfasserin, gestaltet sich die Vorstellung, wie mittels einer geringeren Anzahl von Didaktikern, dafür aber mit einer Multiplikation von neuen Medien [z.B. Computern, Overhead-Projektoren], Vorbereitung von Lehrmittel und Durchführungen von Übungen durch schülerische Hilfskräfte, ein effektiverer Unterricht erreicht werden könnte (vgl. Vester 1997, S. 153).

Summa summarum konstatiert die Verfasserin, dass im Rahmen des didaktischen Implikationszusammenhangs durchaus obige Punkte Einklang finden sollten und könnten, da sie vorher in dieser Form [detaillierte Vorgänge beim Lernen i.V.m. Neuronen, Gehirn, Gedächtnisarten, den biochemischen Prozessen sowie dem Hormonsystem] nicht berücksichtigt wurden. Dagegen sind die didaktischen und pädagogischen

Aspekte bzgl. der Vorab-Planung, des ständigen Vergleichens, der geforderten Humankompetenzen auf Seiten des Lehrenden, des Vermittelns zwischen individuellem – subjektivem Schüleranspruch gespiegelt im PIZ und dem objektiven Sachanspruch gespiegelt im GIZ sowie die Ermöglichung einer höheren Konkreszenz im Lernverlauf wesentlich besser durchdacht als in der neurobiologischen Literatur von Vester.

6 Persönliche Stellungnahme in kritischer Auseinandersetzung

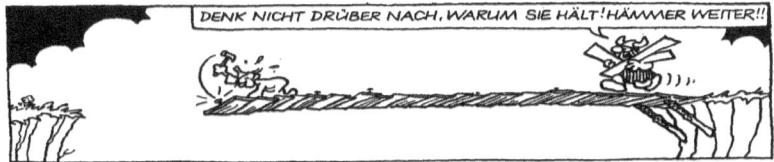

Abb. 30: Comicbild „Hägar der Schreckliche" (Jank/Meyer 1991, S. 285)

Dieses Bild beschreibt kurz und prägnant [sozusagen als persönliche auf das Bild gebrachte Verdichtung] die Gefühle der Verfasserin bei dieser Untersuchung, da es manchmal den Anschein hatte, dass eine Brücke geschlagen werden kann, aber die Verfasserin nicht genau sicher war, wie und ob sie halten könnte. Letztendlich kann die Brücke, gekleidet in diese Metapher, halten und dem erkenntnisleitenden Interesse der Arbeit, nämlich der Herausarbeitung präsenter neurobiologischer Forschungsergebnisse und einer Passung zwischen der Neurobiologie und der Didaktik zum Zwecke der Verbesserung pädagogischer Praxis, genügen.

Nach diesen anfänglichen Schwierigkeiten, eine Verbindung zwischen der Didaktik und der Neurobiologie zu sehen, ist es nach Ansicht der Verfasserin dennoch gelungen, Passungen zu entdecken und mögliche Schnittstellen deutlich hervorzuheben bzw. zu offerieren, die einen gemeinsamen Anknüpfungspunkt darstellen. Diese Arbeit bietet neben einer fachgebietsübergreifenden Sichtweise eine Möglichkeit zur interdisziplinären Arbeitsweise, sofern zwei Fachgebiete ernsthaftes Interesse zeigen.

Nach Meinung der Verfasserin geht es nicht darum, dass Heil bzgl. Lehr- und Lernforschung in der einen oder in der anderen Disziplin verstärkt zu suchen und zu sehen, d.h. es wäre verfehlt, neue Erkenntnisse aus der Neurobiologie, die vielleicht von bestimmten Pädagogen als en vouge betrachtet werden, als absolut i.S.v. dem Schlüssel zur Lösung des Rätsels >Lernen und Effektivierung von Lernen bzw. Lehren< anzunehmen, da man seinen Blickpunkt zu einseitig forcieren würde. Dagegen seine Perspektive nur auf die didaktischen Ansätze aufgrund einer länger vorhandenen historischen Lehr- und Lernforschung zu richten, scheint der Verfasserin ebenfalls nicht angemessen.

Angebracht bleibt die kritische Sichtweise bzgl. dessen auf jeden Fall. Auch wenn es sehr wichtig und gewiss sehr förderlich ist, diesen Standpunkt teilt die Verfasserin auf jeden Fall, neurobiologische Resultate zum Thema >Lernen und Lehren< zu berücksichtigen, so darf die Didaktik als Teil pädagogischer Professionalität nicht unterschlagen werden. Bleibt schließlich zu bedenken, dass sich die Didaktik seit alters her mit dem Problem Lernen und Lehren beschäftigte und beschäftigt und ihre Lösungsmöglichkeiten demnach auch bedeutend sind und im Zuge neuerer Forschung nicht übergangen werden dürfen.

In Anbetracht der Tatsache, dass keines der didaktischen Modelle sowie die neurobiologischen Forschungsergebnisse den Anspruch auf Vollständigkeit erheben können, gibt es nach Auffassung der Verfasserin dennoch gute Chancen, die Lehrerprofessionalität zu verbessern, wenn wesentliche Anreize und Gedanken aus den einzelnen Modellen mit den Forderungen der Neurobiologen verbunden werden. Jedes der einzelnen Didaktikmodelle bietet Möglichkeiten, wie schon im Kapitel vier beschrieben, wo eine Passung zwischen zwei Fachgebieten zur Verbesserung vom Lehren und damit einhergehend vom Lernen realisierbar ist.

Aufgrund der umfassenden Sichtweise und dem Anspruch auf Ganzheitlichkeit zwischen den Lebensbedürfnissen und Lebenskräften des Subjektes im Bildungsprozesses auf der einen Seite und dem gesellschaftlichen objektiven Sachanspruch auf der anderen Seite, zwischen denen der Lehrende mit seiner/ihrer Professionalität vermittelt, bot sich in dieser Untersuchung an, am Modell der AOEX die sinnvolle Verknüpfung beider Wissenschaften zu demonstrieren.

Wie schon gezeigt, haben sich auch hierbei die Schwachstellen herauskristallisiert. Zum einen mangelt es der Didaktik der AOEX an einer verstärkten Einbindung der neuronalen Prozesse, die sich beim Lernen abspielen, d.h. der Berücksichtigung wie Neuronen genau arbeiten, wie Informationen im Gehirn ausgewertet werden, wie die Gedächtnisarten funktionieren und v.a. wie wichtig der Einfluss von emotionaler Wertung i.V.m. den Regionen des limbischen Systems bzw. der Einfluss des Hormonsystems auf Denkblockaden ist. Weiterhin werden dadurch auch die Entstehung von neuronalen Grundmustern und den daraus sich bildenden Lerntypen mit Bevorzugung von bestimmten Sinnen als Eingangskanäle für äußere Informationen außer acht gelassen.

Dies ist insofern wichtig, als dass der Lehrende auf bestimmte Punkte in der Planung Rücksicht nehmen muss: Wie z.B. möglichst viele Sinne anzusprechen, Teamarbeit zu fördern, da der menschliche Geist erst durch Teamarbeit seine wahre Kreativität entfalten kann und didaktische Interferenz zu vermeiden. Schließlich sollte der Lehrende Einsicht gewinnen, dass die Unterrichtsbeteiligung auf der einen Seite mit dem Lehrstil zu tun hat und auf der anderen Seite etwas mit den Lerntypen. Folglich würde das für den Lehrenden bedeuten, dass erkannt wird, dass der schlechte oder der gute Schüler so nicht existent ist und dass Mitarbeit von sehr vielen Faktoren abhängig ist wie vom Lerntypen mit seinen ausgeprägten Sinnen, der Motivation, der Konzentrationsfähigkeit, der Ängste, des Unbehagens aufgrund negativer Vorerfahrungen und schlichtweg vom Interesse an der angebotenen Thematik.

Zum anderen zeigen sich in der AOEX im Gegensatz zur neurobiologischen Forschung Stärken, weil sie auf eine ganzheitliche und subjektorientierte Perspektive zurückgreifen kann, die in der Neurobiologie vermisst wird. Gemeint sind damit die konkretere didaktische Unterrichtsplanung [dreier Schritt von Hinführung, Erarbeitung und Anwendung], dass Eingehen auf Lebenskräfte und Lebensbedürfnisse und das Eingehen auf kognitive Fähigkeiten, d.h. wie sie genau definiert werden und wie sie konkret mittels pädagogischer Professionalität zu realisieren sind. Dieser Schritt fehlt bei der Neurobiologie denn doch. Trotzdem konnte im Kapitel fünf demonstriert werden, inwieweit eine Verbesserung des didaktischen Implikationszusammenhangs von Zielen, Inhalten und Verfahren i.H.a. die Lern- und Lebenszusammenhänge der Schüler realisierbar ist.

Mit diesem Ausblick für eine mögliche Verbesserung vom Lehren und Lernen durch die Berücksichtigung der Neurobiologie und der Hoffnung, dass Wissenschaftler der beiden beteiligten Disziplinen nicht auf einen Anspruch der einzigen Wahrheit beharren und damit eine Annäherung letztlich unterbinden, verbleibt der Verfasserin die Hoffnung, dass eine oftmals von sehr vielen Autoren unterschiedlicher Fachgebiete geforderte Interdisziplinarität nicht nur eine oberflächliche Forderung bleibt, sondern eine tatsächliche Realisierung erfährt mit dem Ziel der Verbesserung von Lehr- und Lernforschung.

Literaturverzeichnis

Achtenhagen, Frank: (1984) Didaktik des Wirtschaftslehreunterrichts. Opladen: Leske Verlag + Budrich GmbH.

Bertelsmann Lexikon-Institut (Hrsg.): (1992) Das Neue Taschenlexikon in 20 Bänden. Bd. 2, 3, 10 und 12. Gütersloh: Bertelsmann Lexikon Verlag.

Bertolini, Rolf: (1995) Systematische Anatomie des Menschen. Berlin: Verlag Ullstein Mosley.

Betz, Dieter; Breuninger, Helga: (1987) Teufelskreis Lernstörungen. München/Weinheim: Beltz Psychologie Verlags Union.

Blankertz, Hellwig: (1980) Theorien und Modelle der Didaktik. München: Juventa Verlag.

Der Brockhaus in einem Band (1992). München: Karl Wenschow Franzis-Druck . S.522.

Dohmen-Burk, Renate: (1992) Gestörte Interaktion und Behinderung von Lernen. Inauguraldissertation. In: Leber, Aloys; Kratzsch, Siegbert: Anwendungen der Psychoanalsye. Band 5. Frankfurt am Main: Roland Asanger Verlag.

Eckert, Roger: (1993) Tierphysiologie. Stuttgart/New York: Georg Thieme Verlag.

Flechtner, Hans-Joachim: (1976) Biologie des Lernens. Memoria und Mneme. Band II. Stuttgart: Hirzel Verlag.

Freud, Anna: (1964) Das Ich und die Abwehrmechanismen. München: Kindler Taschenbücher Verlag.

Freud, Anna: (1973) Das Ich und die Abwehrmechanismen. München: Kindler Taschenbücher Verlag.

Gaddes, William H.: (1991) Lernstörungen und Hirnfunktion.Eine neuropsychologische Betrachtung. Berlin: Springer Verlag.

Gadenne, Volker: (1996) Bewusstsein, Kognition und Gehirn. Einführung in die Psychologie des Bewusstseins. Göttingen/Bern/Toronto/Seattle: Verlag Hans Huber.

Gage, N. L. & Berliner, D. C.: (1986) Pädagogische Psychologie. Weinheim: Psychologie Verlags Union.

Gerke, Peter R.: (1998) Alles nur Technik? Unser Geist auf dem Prüfstein. Aachen: Shaker Verlag.

Geulen, Dieter; Hurrelmann, Klaus: (1980) Zur Programmatik einer umfassenden Sozialisationstheorie. In: Hurrelmann, Klaus; Ulich, Dieter (Hrsg.): Handbuch der Sozialisationsforschung. Weinheim und Basel: Beltz Verlag. S. 51-67.

Häselbarth, Heiko: (1992) Didaktik-Theorien der Gegenwart. In: Internet unter der Adresse: http://www.haeselbarth.de/didak1.htm. S. 1-12.

Heimann, Paul: (1965) Didaktik. In: Blumenthal, Alfred; Ostermann, Wilhelm (Hrsg.). Hannover: Hermann Schroedel Verlag. S. 7-11.

Heinmann, Paul: (1976) Didaktik als Unterrichtswissenschaft. In: Reich, K.; Thomas, H.: Didaktische Arbeiten zur Lehrerbildung und Medienpädagogik. Stuttgart: Klett Verlag.

Hess, Thomas: (1989) Lern- und Leistungsstörungen im Schulalter. Individuumorientierte und systemische Erklärungsansätze. Dortmund: Verlag modernes Lernen.

Hoffmann-La Roche AG; Urban & Schwarzenberg (Hrsg.): (1993) Roche Lexikon Medizin. München/Wien/Baltimore: Urban & Schwarzenberg.

Hüholdt, Jürgen: (1993) Wunderland des Lernens. Lernbiologie, Lernmethodik, Lerntechnik. Bochum: Verlag für Didaktik.

Huisinga, Richard; Lisop, Ingrid: (1999) Wirtschaftspädagogik. Ein interdisziplinär orientiertes Handbuch. München: Verlag Franz Vahlen. (= 1999a).

Jank, Werner; Meyer, Hilbert: (1991) Didaktische Modelle. Frankfurt am Main: Cornelsen Verlag Scriptor.

Kant, Immanuel: (1783) Beantwortung der Frage: Was ist Aufklärung? In: (1981) Was ist Aufklärung? Beiträge aus der Berlinischen Monatsschrift in Zusammenarbeit mit Michael Albrecht. Bd. 7. Berlin, Haude und Spener 1783-1786. Darmstadt: Wissenschaftliche Buchgesellschaft.

Klafki, Wolfgang: (1986) Die Bedeutung der klassischen Bildungstheorien für ein zeitgemäßes Konzept allgemeiner Bildung. In: Zeitschrift für Pädagogik. 32. Jahrgang. Heft 4. S. 454-476.

Klafki, Wolfgang: (1994) Neue Studien zur Bildungstheorie und Didaktik. Zeitgemäße Allgemeinbildung und kritisch-konstruktive Didaktik. Weinheim/Basel: Beltz Verlag.

Klafki, Wolfgang: (1999) Die bildungstheoretische Didaktik im Rahmen kritisch-konstruktiver Erziehungswissenschaft. In: Gudjons, Herbert; Winkel, Rainer (Hrsg.): Didaktische Theorien. Hamburg: Bergmann und Helbig. S. 13-34.

Knußmann, Rainer: (1996) Vergleichende Biologie des Menschen. Lehrbuch der Anthropologie und Humangenetik. Stuttgart/Jena/Lübeck/Ulm: Gustav Fischer Verlag.

Kornhuber, Hans-Helmut (Vorträge): (1987) Gehirn und geistige Leistung: Plastizität, Übung, Motivation. In: Rheinisch-Westfälischen Akademie der Wissenschaften (Hrsg.). Opladen: Westdeutscher Verlag.

Legewie, Heiner; Ehlers, Wolfram: (1992) Knaurs moderne Psychologie. München: Droemer Knaur Verlag.

Lisop, Ingrid; Huisinga, Richard: (1994) Arbeitsorientierte Exemplarik. Theorie und Praxis subjektbezogener Bildung. Franfurt am Main: Verlag der Gesellschaft zur Förderung arbeitsorientierter Forschung und Bildung.

Lisop, Ingrid; Huisinga, Richard: (1999) Exemplarik – eine Forderung der KMK-Handreichungen. In: Huisinga, Richard; Lisop, Ingrid; Speier, Hans-Dieter (Hrsg.): Lernfeldorientierung. Konstruktion und Unterrichtspraxis. Frankfurt am Main: Verlag der Gesellschaft zur Förderung arbeitsorientierter Forschung und Bildung. S. 163-216. (= 1999b).

Mackensen/von Hollander (Hrsg.): (1983) Universal Wörter & Fremdwörterbuch. Hamburg: Xenos Verlagsgesellschaft. S. 677/678.

Mehling, Franz N. (Hrsg.): (1981) Das moderne Handlexikon. München: Droemersche Verlagsanstalt. S.499.

Milz, Ingeborg: (1999) Neuropsychologie für Pädagogen. Neuropsychologische Voraussetzungen für Lernen und Verhalten. Dortmund: Borgmann publishing Verlag.

Nolting, Hans-Peter; Paulus, Peter: (1996) Psychologie lernen. Eine Einführung und Anleitung. Weinheim: Beltz Psychologie Verlags Union.

Ortner, Alexandra und Reinhold: (2000) Verhaltens- und Lernschwierigkeiten. Ein Handbuch für die Grundschulpraxis. Weinheim: Beltz Verlag.

Piaget, Jean: (1984) Psychologie der Intelligenz. Mit einer Einführung von Hans Aebli. Stuttgartt: Verlagsgemeinschaft Ernst Klett – J.G. Cotta`sche Buchhandlung.

Piaget, Jean: (1992) Biologie und Erkenntnis. Über die Beziehungen zwischen organischen Regulationen und kognitiven Prozessen. Aus dem Französischen von Angelika Geyer. Fankfurt am Main: Fischer Taschenbuchverlag.

Putz, Reinhard; Pabst, Reinhard (Hrsg.): (1993) Sobotta. Atlas der Anatomie des Menschen. Band 1: Kopf, Hals, obere Extremität. München/Wien/Baltimore: Urban & Schwarzenberg.

Richter, Horst-Eberhard: (1984) Der Sündenbock. In: Flitner, Andreas; Scheuerl, Hans (Hrsg.): Einführung in pädagogisches Sehen und Denken. München: R. Piper Verlag. S.36-45.

Rohen, Johannes: (1975) Funktionelle Anatomie des Nervensystems. Ein kurz gefasstes Lehrbuch nach funktionellen Gesichtspunkten für Studierende und Ärzte, Stuttgart/New York: Schattauer Verlag.

Roth, Heinrich: (1971) Pädagogische Anthropologie. Band II: Entwicklung und Erziehung. Grundlagen einer Entwicklungspädagogik. Berlin/Darmstadt/ Dortmund: Hermann Schroedel Verlag.

Schulz, Wolfgang: (1965) Unterricht-Analyse und Planung. In: Blumenthal, Alfred; Ostermann, Wilhelm (Hrsg.). Hannover: Hermann Schroedel Verlag. S. 13-43.

Shepherd, M. Gordon: (1993) Neorobiologie. Berlin: Springer Verlag.

Silbernagl, Stefan; Despopoulos, Agamemnon: (1991) Taschenatlas der Physiologie. Stuttgart: Georg Thieme Verlag.

SUNETs: (1997) The Swedish University Network`s. FTP://archive ftp.sunet.se/ftp/pub/pictures/chem/b/dna.jpg.

Thompson, Richard F.: (1994) Das Gehirn. Von der Nervenzelle zur Verhaltenssteuerung. Aus dem Englischen übersetzt von Merlet Behncke-Braunbeck, Eva-Maria Horn-Theka, Johann Peter Prinz. Heidelberg: Spektrum-Verlag.

Tillmann, Klaus-Jürgen: (1995) Sozialisationstheorien. Eine Einführung in den Zusammenhang von Gesellschaft, Institution und Subjektwerdung. Reinbek bei Hamburg: Rowohlt Taschenbuch Verlag.

Vester, Frederic: (1997) Denken, Lernen, Vergessen. Was geht in unserem Kopf vor, wie lernt das Gehirn und wann lässt es uns im Stich? München: Deutscher Taschenbuch Verlag.

von Cube, Felix: (1999) Die kybernetisch-informationstheoretische Didaktik. In: Gudjons, Herbert; Winkel, Rainer (Hrsg.): Didaktische Theorien. Hamburg: Bergmann und Helbig. S. 57-74.

Wagenschein, Martin: (1964) Das Exemplarische Lehren. Als ein Weg zur Erneuerung des Unterrichts an den Gymnasien mit besonderer Beachtung der Physik. In: Schriften zur Schulreform. Hamburg: Verlag der Gesellschaft der Freunde des väterländischen Schul- und Erziehungswesen. Heft 11. S. 3-27.

Wagenschein, Martin: (1965) Aufsätze: Vielwisserei Vernunft haben nicht lehrt. Hinweis auf das exemplarische Lehren. Zur Klärung des Unterrichtsprinzips des exemplarischen Lehrens. Eine Auslese aus früheren Arbeiten. Mathematik aus der Erde. In: Blumenthal, Alfred; Roth, Heinrich (Hrsg.): Exemplarisches Lehren. Auswahl. Grundlegende Aufsätze aus der Zeitschrift „Die Deutsche Schule". Reihe A. Hannover: Hermann Schroedel Verlag. S. 6-31.

Wagenschein, Martin: (1970) Ursprüngliches Verstehen und exaktes Denken. Band II. Stuttgart: Ernst Klett Verlag.

Wehner, Rüdiger; Gehring, Walter: (1990) Zoologie. Stuttgart: Georg Thieme Verlag.

Welsch, Ulrich: (1997) Sobotta Histologie. Farbatlas der Zytologie, Histologie und Mikroskopischen Anatomie des Menschen. München/Wien/Baltimore: Urban & Schwarzenberg.

Zabeck, Jürgen: (1984) Didaktik der Berufserziehung. Schriftenreihe Wirtschaftsdidaktik. Berufsbildung und Konsumentenerziehung. Band 6. Heidelberg: Esprint Verlag.

Zielinski, Werner: (1998) Lernschwierigkeiten. Ursachen-Diagnostik-Intervention. Stuttgart: Kohlhammer Verlag.

Anhang

Anlage 1: Abbildungen zum Thema >Gehirn, Neuronen und Lerntypen<

Abb. 1: Tabellarische Übersicht der Funktionsbereiche der beiden Hemisphären (in Anlehnung an zwei Tabellen aus Milz 1999, S. 51 und 231)

Linke Hemisphäre	Rechte Hemisphäre
dominant für Sprache und Sprechen: ♦ Einzeltonfolgen ♦ Verstehen komplexer syntaktischer Strukturen ♦ Linguistische Informationsverarbeitung ♦ Bearbeitung isolierter Klänge und Stimmen	*dominant für Erfassen nichtsprachlicher akustischer Strukturen:* ♦ Melodie-Typen [Identifikation, Melodiegedächtnis] ♦ hören komplexer Tonmuster [Musik] ♦ Ganzheitliche Auffassung des Laut- oder Wortbildes [auditiv, visuell]
dominant für komplexe willkürliche Bewegung: ♦ rechte Körperseite ♦ sprechen ♦ schreiben ♦ lesen ♦ analytisches, zählendes Rechnen	*dominant für das Erkennen komplexer räumlicher Muster:* ♦ Raumsinn, Formen und Gestalten sowie Richtungen im Raum räumliches und perspektivisches ♦ Vorstellungsvermögen [bildhafte Vorstellung]
dominant i.H.a analytisches, logisches	*nicht-sprachdominate Hemisphäre:*

und lineares Denken [linear, einander folgend]	♦ Sprachfreies Ausdrucksverständnis
	♦ Zugriff auf Wortschatz über visuelle Vorstellungsbilder
Abstraktionsfähigkeit	Nichtverbales, synthetisches, ganzheitliches Denken
Intellekt	intuitives Erfassen
Individuelles Persönlichkeitsbewusstsein	„Überindividuelles" Gesamtbewusstsein

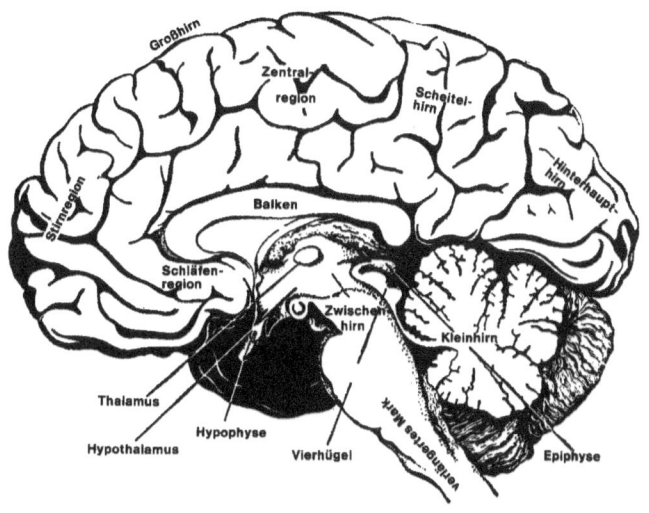

Abb.2: Medianschnitt durch das Gehirn (Hüholdt 1993, S. 159)

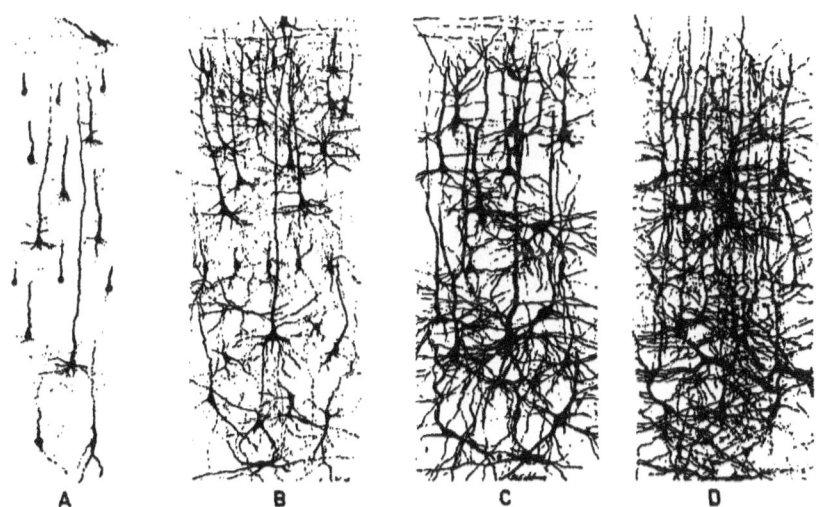

Abb. 3: Verzweigungen von Nervenzellen im Laufe der kindlichen Entwicklung. A = Schnitt durch eine Parietalplatte der Großhirnrinde des Menschen zum Zeitpunkt der Geburt; B = 3 Monate alter Säugling; C = 15 Monate altes Kleinkind und D = 3 Jahre altes Kind (Milz 1999, S. 26 in Anlehnung an Akert in Lempp 1979)

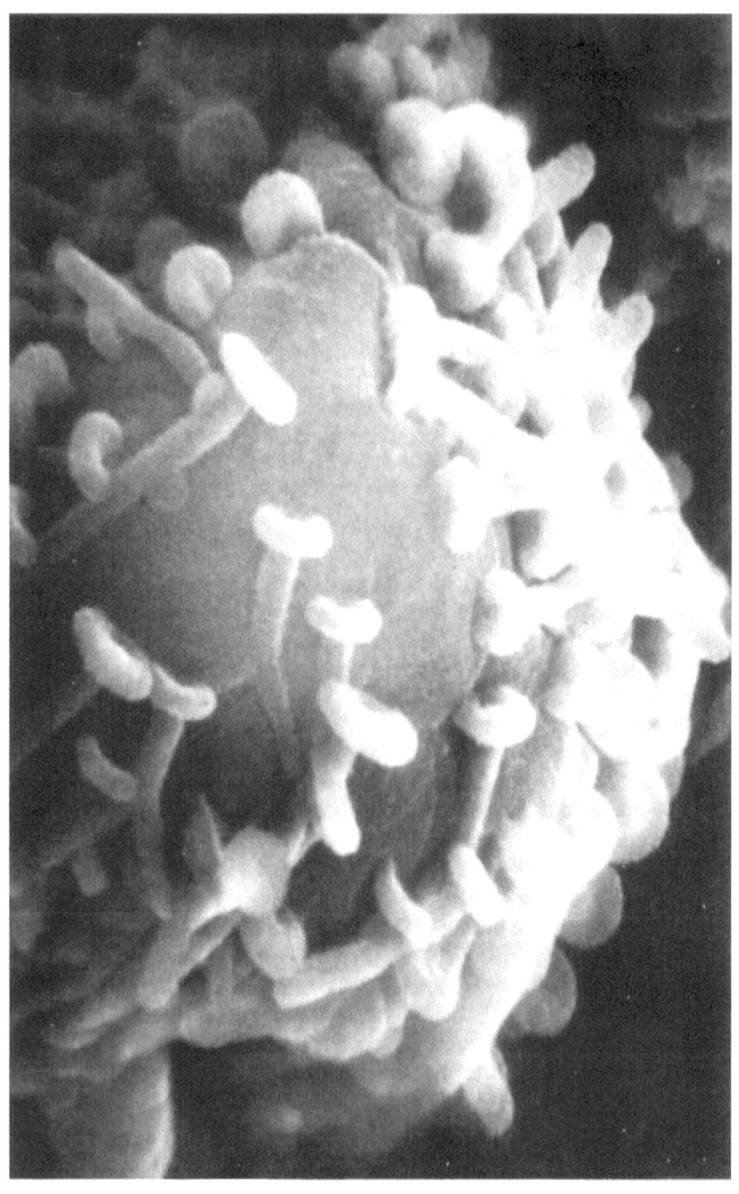

Abb. 4: Rasterelektronenmikroskopische Aufnahme einer Nervenzelle mit ihren synaptischen Verbindungen (Hüholdt 1993, S. 142 in Anlehnung an E.R. Lewis, University of california)

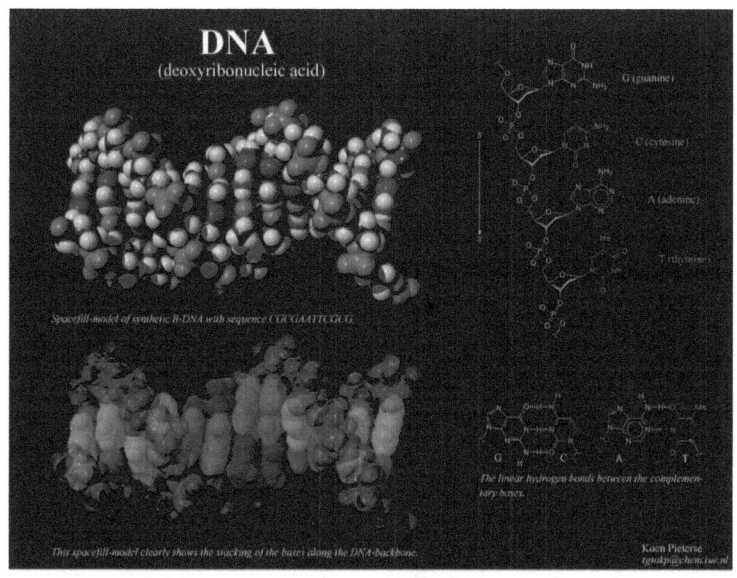

Abb. 5: Grafische Darstellung der menschlichen DNS (Sunet`s 1997)

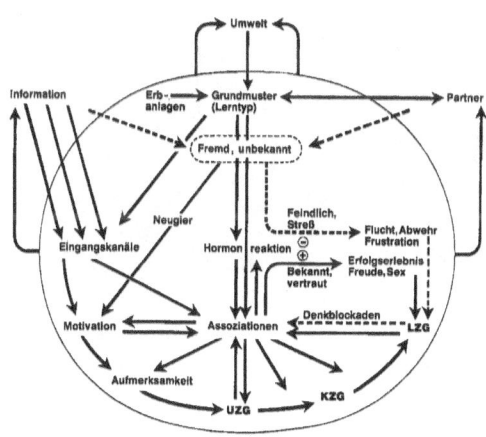

Abb. 6: Vesters Gesamtnetzwerk des Menschen (Vester 1997, S. 169)

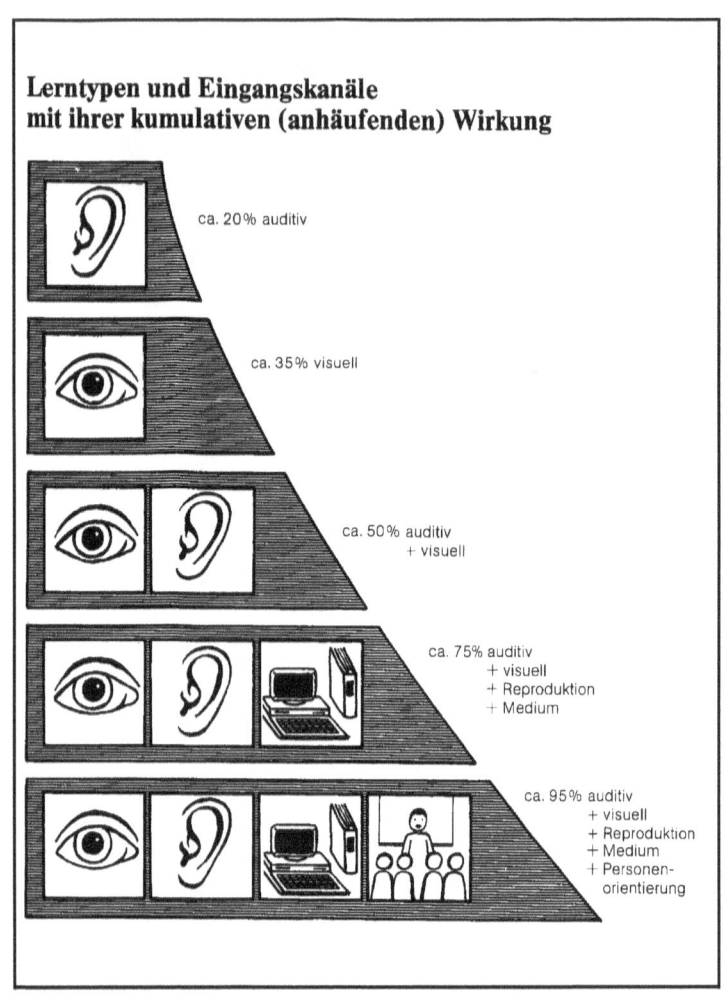

Abb. 7: Grafische Darstellung der wesentlichen Lerntypen nach Hüholdt (Hüholdt 1993, S. 248)

Anlage 2: Definitionen der Begriffe „Bildung" und „Methode"

Definition des Begriffes >Bildung<:

„ursprünglich die [äußere] Gestaltung, seit der Zeit des deutschen Idealismus mit der Bedeutung: innere Formung, Entfaltung der geistigen Kräfte des Menschen durch Aneignung kultureller Werte der Umwelt und der Vergangenheit und ihre Verarbeitung zu einer persönlichen Ganzheit. Der Begriff Bildung wird in dreifachem Sinne verwendet: Er umfasst den Vorgang der Entfaltung, das Bewirken dieser Entfaltung durch Erziehung und Unterricht und ihr Ergebnis [den jeweiligen Grad der Geprägtheit der Persönlichkeit]. Bildungsziel ist in erster Linie die Entwicklung und Förderung geistig-seelischer Anlagen und Fähigkeiten: logisches Denken, Ausdrucksfähigkeit, Tiefe der Empfindung und Willensstärke sollen im selbsttätigen Umgang mit dem Objekt [den Bildungsgütern] entwickelt werden [formale Bildung]. Die Bildung soll – unabhängig von Zwecken – einer allseitigen Entfaltung der allen Menschen gemeinsamen Grundkräfte dienen. Im Gegensatz zu Pestalozzi, für den der Bildungsstoff nur untergeordnete Bedeutung hatte, konnte der Neuhumanismus sich Bildung nicht losgelöst von den Werten der griechisch-römischen Kultur vorstellen, die ihm als überzeitlich gültiger Höhepunkt des Menschentums galt. Für Wilhelm von Humboldt, den Begründer der klassischen Bildungstheorie des Neuhumanismus, standen neben der Welt des Griechentums jedoch auch die Sprache und Dichtung seiner Zeit als Bildungsgüter im Vordergrund. Dieser vorwiegend literarisch-ästhetischer und philosophisch-spekulative Bildungsbegriff wurde zum Leitbild des 19. Jahrhunderts, erfuhr aber unter dem Einfluss der Ausweitung der immer mehr realistisch ausgebildeten Wissenschaften entscheidende Veränderungen. Überschätzung des Sachwissens, Vermehrung des Lehrstoffs und Intellektualisierung des Unterrichts machten Bildung immer mehr zu enzyklopädischen Wissens-Bildung; ihr Besitz wurde oft zum Merkmal einer gesellschaftlichen Schicht.

Heute wird eine Verbindung gymnasialer, polytechnischer und sozialer [politischer] Bildung angestrebt; durch sie könnte verhindert werden, dass junge Menschen in einseitige Lebensperspektiven hineingeraten" (Das Neue Taschenlexikon. Band 2, 1992, S. 188).

Definition des Begriffs >Methode<:

„[griechisch, das >Nachgehen<], der richtige Weg, das jeweilige Verfahren der Erkenntnisgewinnung und –darstellung [Didaktik], der Bearbeitung [Arbeitsmethodik], Untersuchung, Prüfung, Beobachtung, Rechnung und ähnliches; im pädagogischen Bereich vor allem. das Verfahren des Unterrichts. In den Wissenschaften unterscheidet man verschiedene Arten von Methoden, insbesondere die Deduktion und die Induktion" (Das Neue Taschenlexikon. Band 10, 1992, S. 186).

www.ingramcontent.com/pod-product-compliance
Lightning Source LLC
Chambersburg PA
CBHW030602020526
44112CB00048B/1186